Asiatische

Gerichte

Asiatische

Gerichte

Parragon
Bath · New York · Singapore · Hong Kong · Cologne · Delhi · Melbourne

Buchdesign: Pink Creative
Fotos: Charlie Richards*
Food styling: Anna Burges-Lumsden
Internal prop styling: Sarah Waller
Cover-Foto: Clive Streeter
Einleitung: Christine McFadden

Queen Street House
4 Queen Street
Bath BA1 HE, UK

Realisation der deutschen Ausgabe: trans texas publishing, Köln
Lektorat: Sebnem Yavuz, Erpel
Übersetzung: Melanie Schirdewahn, Köln, u.a.

ISBN: 978-1-4075-8414-0

Printed in Indonesia

Hinweise

Sofern die Schale von Zitrusfrüchten benötigt wird, verwenden Sie unbedingt unbehandelte Früchte.

Sind Zutaten in Löffeln angegeben, ist immer ein gestrichener Löffel gemeint: Ein Teelöffel entspricht 5 ml, ein Esslöffel 15 ml.

Sofern nicht anders angegeben, wird Vollmilch (3,5 %) verwendet.

Es sollte stets frisch gemahlener schwarzer Pfeffer verwendet werden.

Bei Eiern und einzelnen Gemüsesorten, z. B. Kartoffeln, verwenden Sie mittelgroße Exemplare.

Kinder, ältere Menschen, Schwangere, Kranke und Rekonvaleszenten sollten auf Gerichte mit rohen oder nur leicht gegarten Eiern verzichten.

Die angegebenen Zeiten können von den tatsächlichen leicht abweichen, da je nach verwendeter Zubereitungsmethode und vorhandenem Herdtyp Schwankungen auftreten.

* außer auf den Seiten: 16, 40, 48, 60, 63, 72, 76, 79, 83, 84, 88, 91, 92, 96, 103, 112, 115, 119, 120, 131, 136, 144, 159, 160, 168, 171 und 172

Inhalt

Einleitung

Mit diesem Buch erhalten Sie nicht nur die Möglichkeit, die breite Palette an wundervollen Zutaten, grundlegenden Kochtechniken und verschiedenen Garmethoden der chinesischen Küche kennenzulernen, Sie erfahren überdies Interessantes über die Geschichte, Geografie und Kultur Chinas, die die regionalen Küchen allesamt entscheidend mitprägten. Ausgerüstet mit diesem Wissen, können Sie am heimischen Herd vielfältige chinesische Köstlichkeiten zubereiten – sei es in Form eines Menüs mit mehreren Gängen oder einer leckeren Beilage zu Ihrem Mittag- oder Abendessen.

Regionale Küchen in China

China ist über 25-mal so groß wie Deutschland und erstreckt sich über mehrere Breitengrade. Die klimatischen Bedingungen variieren zwischen ganzjährig subarktischen Verhältnissen im Norden und heißem tropischem Klima in den südlichen Küstenregionen. Chinas Topografie schwankt ebenso zwischen den Extremen: Vom tibetischen Hochland im Nordwesten (3600 Meter) fällt das Land bis zu den fruchtbaren Küstenebenen im Osten und Süden schrittweise ab. Aufgrund dieser klimatischen und topografischen Vielfalt entstanden in China faszinierend abwechslungsreiche regionale Küchen.

Peking (Küche des Nordens)

Hauptnahrungsmittel dieser Region sind Weizen, Hirse und Sojabohnen. Da Weizen hier von so großer Bedeutung ist, serviert man meist Nudeln statt Reis. Die Küche ist eher bodenständig und deftig – mit Ausnahme der weltberühmten Peking-Ente. Beliebt sind herzhafte Lammgerichte, wie Lammfleisch mit Paprika in Bohnensauce, die den Einfluss chinesischer Muslime widerspiegeln. Diese lehnen den Verzehr von Schweinefleisch aus religiösen Gründen ab.

Kanton (Küche des Südens)

Die kantonesische Küche hat eine erstaunliche Vielzahl an kulinarischen Leckerbissen hervorgebracht und steht für erstklassige Meeresfrüchte, knackig-frisches Obst und Gemüse, köstliche Wokgerichte sowie verführerisches Dim Sum. Die zahlreichen chinesischen Auswanderer im 19. Jahrhundert haben in Europa und den USA hauptsächlich die kantonesische Küche bekannt gemacht. Schweinefleisch süßsauer oder süßsaure Schweinerippchen zeugen noch heute davon.

Da Kanton über den ersten Handelshafen Chinas verfügte, ist die Region stark durch fremde Einflüsse geprägt. Lange vor anderen chinesischen Gebieten waren hier beispielsweise Brokkoli und Spargel bekannt. Süß-herzhafte Speisen, wie Ente mit Mais und Ananas, sind ebenfalls typisch für die Region. Gewürzt wird nur leicht, und Sojasauce wird nur sparsam eingesetzt, um den Eigengeschmack der Zutaten nicht zu übertönen.

Schanghai (Küche des Ostens)

In dieser rund um das Jangtse-Delta gelegenen fruchtbaren Region werden Reis und Weizen, aber auch zahlreiche Obst- und Gemüsesorten angebaut. Frischen Fisch fängt man hier nicht nur im Meer, sondern auch in den vielen Seen und Flüssen. Die im Westen eher unbekannte Schanghai-Küche besticht durch einen wahren Stilmix, komplexe Gewürzkombinationen und den üppigen Einsatz von Sojasauce. Zucker ist ebenfalls eine wichtige Zutat, insbesondere in herzhaften Speisen, wo er den Geschmack hebt, ohne eine auffällig süße Note zu hinterlassen.

Sichuan (Küche des Westens)

In China wird diese Region „Land des Überflusses" genannt, da sie über sehr fruchtbaren Boden, ein warmes Klima und ausgiebig Regen verfügt – beste Bedingungen für den Anbau verschiedenster Obst- und Gemüsesorten. Pilze und Fisch gibt es ebenfalls im Überfluss. Sie werden zu würzigen, reichhaltigen Saucengerichten verarbeitet.

Die Sichuan-Küche hat allerdings viel mehr zu bieten als die scharfen Gerichte, für die sie im Westen berühmt ist. Zwar werden Chili und Pfeffer durchaus eingesetzt, um Gerichten die nötige „Wärme" einzuhauchen und dem feuchten Klima dadurch etwas entgegenzusetzen. Dennoch überlagert die Schärfe niemals die Aromen der Zutaten. In Restaurants besteht überdies immer die Wahl zwischen verschiedenen Schärfegraden. Zart aromatisierte Bambussprossen und Tofu stehen in Sichuan ebenfalls häufig auf dem Speiseplan. Darüber hinaus ist die Region für in Essig oder Salz eingelegtes Gemüse berühmt.

Kochtechniken und Esskultur

Für die Chinesen sind das Essen und seine Zubereitung schon immer von entscheidender Bedeutung gewesen. Nahrungsmittel werden hoch geschätzt, und nichts wird verschwendet. Unabhängig von der Region wird Essen gemäß den überlieferten taoistischen Prinzipien von Yin und Yang, die auf Gleichgewicht und Kontrast beruhen, vorbereitet, zubereitet und serviert. Manche Zutaten oder Garmethoden variieren dabei von Region zu Region.

Kennzeichen der chinesischen Küche ist die Betonung einer harmonischen Beziehung zwischen Farbe, Konsistenz und Aroma, ganz gleich, ob in einem einzelnen Gericht oder in einem ganzen Menü. Von großer Bedeutung bei der Zubereitung ist die richtige Hitze. In China gibt es nämlich mindestens 40 verschiedene Arten, das Essen zu garen! Mit ein paar grundlegenden Tricks, wie beispielsweise dem richtigen Erhitzen des Woks, können alle Zutaten in der gewünschten Konsistenz zubereitet werden – knackig oder zart, saftig oder trocken, weich oder knusprig.

Das richtige Timing ist ebenfalls ausschlaggebend. Bei starker Hitze garen die Zutaten überaus schnell – Anfänger tendieren jedoch manchmal dazu, die Gerichte zu lange und bei zu geringer Temperatur zu garen.

Ebenfalls entscheidend sind Größe und Form der vorbereiteten Zutaten, die der jeweiligen Garmethode angepasst werden müssen. Beim schnellen Pfannenrühren beispielsweise sollte alles in kleine, dünne gleich große Streifen geschnitten werden. Große Stücke sind ungeeignet, da sie nicht so schnell garen.

Chinesische Gerichte und Snacks

Zu Hause auf die Schnelle zubereitete Mahlzeiten fallen in China meist recht einfach aus, bestehen aber stets aus mehreren Gerichten, die alle gleichzeitig serviert werden. Bei einem formellen Festessen hingegen gibt es eine festgelegte Speisenfolge. Im Gegensatz zu westlichen Gewohnheiten werden die Gerichte den Gästen niemals einzeln gereicht – alles wird auf dem Tisch bereitgestellt, und jeder bedient sich selbst. Ein chinesisches Menü wird nicht mit einem Dessert beendet, umfangreiche Menüs werden jedoch auch durch Süßspeisen ergänzt, und in Restaurants werden abschließend manchmal Früchte gereicht. Süße Gerichte werden in China meist als Zwischenmahlzeiten genossen.

Snacks aus Garküchen spielen in der chinesischen Kultur eine große Rolle. Chinesen lieben es, zwischendurch alle möglichen Arten von leckeren Snacks, frisch am Straßenstand zubereitet, zu kaufen und sie unterwegs zu genießen. Durch die Hektik der Großstädte ist es für die Chinesen sehr wichtig, zusammenzukommen und eine soziale Gemeinschaft zu erleben.

Planung eines Menüs

Bei einem Menü für mehrere Personen sollten Sie ein Gericht pro Person rechnen. Das wäre bei einer Gruppe von zwei oder drei Personen ein Hauptgericht mit einer Gemüsebeilage und ein Reis- oder Nudelgericht – und nach Belieben noch eine Suppe. Bei einem formlosen Essen mit sechs Gästen servieren Sie vier Gerichte plus Suppe und Reis. Für einen formellen Anlass mit derselben Anzahl an Gästen reichen Sie sechs bis acht Gerichte. Wenn Sie für eine große Gesellschaft kochen, sollten Sie lieber die Anzahl an verschiedenen Speisen erhöhen, statt die Menge der einzelnen Gerichte. Auf diese Weise können Sie eine größere Vielfalt an Aromen, Farben und Konsistenzen anbieten.

Grundlegende Techniken

Zerkleinern

Schneiden Sie die Zutaten in kleine, gleich große Stücke, damit sie auch gleichzeitig gar werden. Wenn Sie Gemüse dünn raspeln oder diagonal in Scheiben schneiden, vergrößern Sie die Oberfläche, die beim Garen mit dem heißen Öl in Kontakt kommt, und verringern somit die Gardauer.

Pfannenrühren

Ausschlaggebend für den Erfolg ist, dass das Öl erst dann in den Wok gegeben wird, wenn dieser vorgeheizt ist. Halten Sie Ihre Hand etwa 7 cm über den Wokboden, bis Sie eine starke Hitze spüren. Stellen Sie alle Zutaten vorbereitet und abgemessen neben dem Herd bereit. Wenden Sie die Zutaten mit einer langstieligen Schöpfkelle oder mit zwei langen Holzstäbchen zum Kochen. Rühren Sie beständig, damit alle Zutaten mit dem heißen Öl in Kontakt kommen und gleichmäßig garen.

Frittieren

Füllen Sie einen Wok etwa 5 cm hoch mit Öl. Erhitzen Sie es bei mittlerer bis hoher Temperatur. Wenn das Öl nicht heiß genug ist, wird das Gargut nicht knackig, sondern saugt sich nur mit Fett voll. Frittieren Sie große Mengen in mehreren Portionen. Wenn Sie zu viel auf einmal in den Wok geben, reduziert sich die Temperatur, und die Zutaten garen nicht gleichmäßig. Heben Sie die Zutaten mit einem Fondue-Sieb oder einer Zange aus dem Fett, und lassen Sie sie auf Küchenpapier abtropfen.

Dämpfen

Frische Zutaten werden in China gerne schonend in Dampf gegart – seien es ganze Fische, Wantans, Gemüse oder klein geschnittenes Fleisch. Die Zutaten werden hierzu in kleine Bambusdämpfer oder andere dampfdurchlässige Behälter gegeben, die über einer kochenden Flüssigkeit auf ein Stativ gesetzt werden. Der Wok oder Topf wird bedeckt, damit der Dampf nicht entweichen kann und die Zutaten gleichmäßig garen. Abhängig von Größe und Konsistenz der Zutaten, werden sie zwischen 10 Minuten und bis zu 3 Stunden gedämpft. Beachten Sie, dass wirklich nur sehr frische Zutaten gedämpft werden sollten.

Schmoren und Rotschmoren

Zum Schmoren werden meist nicht ganz so zarte Fleischabschnitte und feste Gemüsesorten verwendet. Das Gargut wird zunächst kurz und kräftig angebraten und dann in Brühe gar geköchelt. Das Rotschmoren ist eine verwandte Garmethode, bei der die Zutaten sanft in einer reichhaltigen rot-braunen Sauce geschmort werden, deren Hauptbestandteile Sojasauce und Zucker sind. Beim Schmoren nimmt das Gargut die Farbe der Sauce an und wird butterzart.

Küchenutensilien

Die chinesischen Küchenwerkzeuge und -utensilien sind schon seit Jahrtausenden im Gebrauch und haben sich bewährt. Zwar leisten westliche Äquivalente ebenfalls gute Dienste, doch ein Küchenbeil oder ein Wok erleichtern die Zubereitung chinesischer Gerichte immens.

Küchenbeil

Die breite, rechteckige, in einer messerscharfen Kante endende Klinge des Küchenbeils eignet sich gleichermaßen zum Zerhacken von Knochen wie zum feinen Wiegen von Kräutern. Auch zum Aufnehmen und Herübergeben von zerkleinerten Zutaten vom Schneidebrett in den Wok ist es ideal. Sobald Sie sich an den Umgang gewöhnt haben, können Sie mit dem Küchenbeil alle Arten von Zutaten in Scheiben schneiden, würfeln, filetieren, raspeln, zerstoßen oder hacken.

Wok

Im Wok verteilt sich die Hitze sehr schnell und gleichmäßig. Beim Pfannenrühren rutscht das Gargut aufgrund der konischen Form wieder in die Mitte, wo die Hitze am stärksten ist. Mit einem Deckel bedeckt, eignet sich der Wok auch zum Dämpfen, Schmoren und Köcheln.

Bambusdämpfer

Der chinesische Bambusdämpfer besteht aus geflochtenem Bambus, durch dessen Ritzen Feuchtigkeit entweichen kann. Dadurch wird verhindert, dass das Gargut durchnässt wird. Bambusdämpfer werden in verschiedenen Größen angeboten, die in einem Wok oder Topf übereinandergestellt werden können. So wird ein gleichzeitiges Dämpfen mehrerer Speisen möglich.

Schöpfkelle und Fondue-Sieb

In der chinesischen Küche wird zum Pfannenrühren eine spezielle Schöpfkelle verwendet. Mit ihrer breiten, flachen Kelle ist sie ideal zum Heben, Rühren und Wenden, und durch den extralangen Griff sind die Hände immer weit genug von der Hitzequelle entfernt. Es gibt auch Fondue-Siebe, die zum Herausheben von frittierten Speisen dienen. Durch das Sieb kann das Öl rasch abfließen.

Grundzutaten

Zum Kochen von chinesischen Speisen benötigen Sie einige Grundgewürze, Öle und Vorräte, von denen sich einige vielleicht schon in Ihrem Haushaltsschrank befinden. Andernfalls sind sie in Supermärkten, Asia-Shops oder Bioläden erhältlich. Seltenere Zutaten können Sie auch im Internet bestellen. Mit den folgenden Zutaten besitzen Sie schon den nötigen Grundbestand.

ALKOHOLISCHES ZUM AROMATISIEREN

Trockener Sherry oder Shaoxing-Reiswein

ESSIGE

weißer Reisessig für Reisgerichte

brauner Reisessig für Marinaden und Glasuren

schwarzer Essig (Chinkiang) für Schmorgerichte

GEMÜSE AUS DER DOSE

Baby-Maiskolben

Bambussprossen

Lotuswurzeln

gesalzene schwarze Bohnen

Strohpilze

eingelegtes Sichuan-Gemüse

Wasserkastanien

GEMÜSE, GETROCKNET

chinesische Pilze

GEWÜRZE

Zimtstangen

getrocknete Chiliflocken

Fenchelsamen

Fünf-Gewürze-Pulver

Ingwerpulver

Sternanis

Sichuanpfeffer

NUDELN

getrocknete asiatische Eiernudeln

getrocknete asiatische Reisnudeln

NÜSSE UND SAMEN

Mandeln

Cashewkerne

Erdnüsse

Sesamsaat

ÖLE

Chili- und Sesamöl zum Würzen

Erdnussöl zum Pfannenrühren und Frittieren

REIS

weißer Langkornreis

SAUCEN

Gelbe-Bohnen-Sauce

Schwarze-Bohnen-Sauce

Chili-Bohnen-Sauce

Hoisin-Sauce

Austernsauce

Pflaumensauce

Sojasauce: helle Sojasauce für Wokgerichte und dunkle Sojasauce für Marinaden und zum Rotschmoren verwenden

TOFU

schnittfeste und weiche Varianten

Fleisch und Geflügel

Die Chinesen sind wahre Meister in der Zubereitung verschiedenster Fleischgerichte. Besonders beliebt ist Schweinefleisch, dicht gefolgt von Geflügel. Beide Fleischsorten zeichnen sich durch ihre Vielseitigkeit aus und sind dadurch ideal für chinesische Garmethoden. Rindfleisch kommt seltener auf den Tisch. Das liegt nicht nur am höheren Preis, sondern auch an der Tatsache, dass sich nur die zarten Abschnitte zum Pfannenrühren eignen, beim Schmoren hingegen zäh werden. In Sichuan wird sehr gern Rinderhackfleisch verwendet – das Gericht Ameisen krabbeln auf einen Baum sollten Sie unbedingt probieren. Lammfleisch steht in Nordchina häufig auf dem Speiseplan, da die dort lebenden Muslime den Verzehr von Schweinefleisch ablehnen.

Geflügel hat in China nicht nur eine kulinarische, sondern auch ymbolische Bedeutung. Der Hahn steht für Hartnäckigkeit, die .nte für Glück und Treue und die Taube für ein langes Leben. In der antonesischen Küche kommt bisweilen Putenfleisch zum Einsatz, loch im restlichen China ist es weniger beliebt. Achten Sie beim .auf von Geflügel immer auf absolute Frische und hohe Qualität.

Zwar sind einige klassische Fleisch- und Geflügelgerichte in ganz :hina verbreitet, viele sind jedoch regionsabhängig. Chop Suey mit indfleisch ist ein kantonesisches Gericht, das von Sichuan-Köchen erne mit ein wenig Chili und in nördlichen Gefilden mit reichlich noblauch zubereitet wird. Hähnchen süßsauer ist ebenfalls ein typisch antonesisches Gericht, während Gong-Bao-Hühnchen aus Sichuan erschiedene scharfe und süßsaure Aromen miteinander verbindet.

Wantan-Suppe

FÜR 6–8 PERSONEN

WANTANS

200 g Schweinehackfleisch

250 g rohe Garnelen, ausgelöst und gehackt

½ TL gehackter frischer Ingwer

1 EL helle Sojasauce

1 EL Shaoxing-Reiswein

2 TL fein gehackte Frühlingszwiebel

1 Prise Zucker

1 Prise weißer Pfeffer

1 Spritzer Sesamöl

30 quadratische Wantan-Teigblätter

1 Eiweiß, leicht verquirlt

SUPPE

2 l Hühnerbrühe

2 TL Salz

½ TL weißer Pfeffer

2 EL fein gehackte Frühlingszwiebel, zum Servieren

1 EL frisch gehackter Koriander, zum Servieren

1. Für die Wantan-Füllung Hackfleisch, Garnelen, Ingwer, Sojasauce, Reiswein, Frühlingszwiebel, Zucker, Pfeffer und Sesamöl in eine Schüssel geben und gründlich vermengen. Mindestens 20 Minuten ruhen lassen.

2. Je 1 Teelöffel der Füllung in die Mitte eines Wantan-Teigblatts geben. Die Ränder mit ein wenig Eiweiß bestreichen. Dann die jeweils gegenüberliegenden Ecken zusammendrücken, sodass ein blütenartiges Gebilde entsteht. Ebenso mit der restlichen Füllung und den Teigblättern verfahren.

3. Für die Suppe die Brühe in einem großen Topf zum Kochen bringen und mit Salz und Pfeffer abschmecken. Die Wantans etwa 5 Minuten in der Brühe gar ziehen lassen, bis die Teigblätter beginnen, rund um die Füllung Falten zu werfen.

4. Zum Servieren die gehackte Frühlingszwiebel auf einzelne Servierschalen verteilen, Wantans und Suppe darübergeben und mit dem Koriander garnieren.

Ameisen krabbeln auf einen Baum

FÜR 4–6 PERSONEN

60 g Rinderhackfleisch

60 g Schweinehackfleisch

1 EL helle Sojasauce

1 Prise Salz

1 EL Pflanzen- oder Erdnussöl

1 EL Chili-Bohnen-Sauce

1 TL dunkle Sojasauce

175 ml heiße Hühnerbrühe

150 g asiatische Glasnudeln, 20 Minuten in warmem Wasser eingeweicht und abgetropft

2 Frühlingszwiebeln, fein gehackt

1. Das Hackfleisch in einer Schüssel mit 1 Teelöffel heller Sojasauce und dem Salz vermengen.

2. Das Öl in einem vorgeheizten Wok oder einer tiefen Pfanne erhitzen und das Hackfleisch darin unter Rühren bräunen. Chili-Bohnen-Sauce und dunkle Sojasauce unterrühren.

3. Brühe, Nudeln und restliche helle Sojasauce zugeben. Abgedeckt etwa 8–10 Minuten köcheln lassen, bis die Mischung relativ trocken ist. Dabei Wok oder Pfanne gelegentlich rütteln, aber das Gericht nicht umrühren. Die Frühlingszwiebeln unterheben. Sofort servieren.

Schweinefleisch mit Knoblauchnudeln

FÜR 4 PERSONEN

250 g dicke asiatische Eiernudeln oder Vollkorneiernudeln

450 g Schweinefilet, in feine Streifen geschnitten

1 TL Zucker

1 EL Pflanzen- oder Erdnussöl

4 EL Reisessig

4 EL Weißweinessig

4 EL Hoisin-Sauce

2 Frühlingszwiebeln, diagonal in Ringe geschnitten

2 EL Sonnenblumenöl mit Knoblaucharoma

2 große Knoblauchzehen, in feine Scheiben geschnitten

frisch gehackter Koriander, zum Garnieren

1. Die Nudeln nach Packungsanleitung garen. Abgießen, unter fließend kaltem Wasser abschrecken und abtropfen lassen. Beiseitestellen.

2. Das Fleisch in eine Schüssel geben, mit dem Zucker bestreuen und mit den Händen vermengen. Das Öl in einem vorgeheizten Wok oder einer tiefen Pfanne erhitzen. Das Fleisch zugeben und 3 Minuten unter Rühren braten, bis es hellbraun und fast gar ist. Mit einem Schaumlöffel aus dem Wok nehmen und warm stellen.

3. Beide Essigsorten in den Wok geben und bis auf etwa 5 Teelöffel Flüssigkeit einkochen. Hoisin-Sauce und Frühlingszwiebeln zugeben und die Flüssigkeit noch einmal auf die Hälfte einkochen. Zum Fleisch geben und vermengen.

4. Den Wok mit Küchenpapier sauber auswischen und erneut erhitzen. Das Sonnenblumenöl zugeben und den Knoblauch darin 30 Sekunden goldbraun und knusprig anbraten, mit einem Schaumlöffel aus dem Wok nehmen und beiseitestellen.

5. Die Nudeln in den Wok geben und unter Rühren gleichmäßig erhitzen. Auf 4 Teller verteilen, die Fleisch-Zwiebel-Mischung daraufgeben und mit dem gebratenen Knoblauch und Koriander bestreuen.

Lo Mein mit Schweinefleisch

FÜR 4–6 PERSONEN

200 g mageres Schweinefleisch, in sehr feine Streifen geschnitten
250 g asiatische Eiernudeln
1½ EL Pflanzen- oder Erdnussöl
2 TL fein gehackter Knoblauch
1 TL fein gehackter frischer Ingwer
1 Karotte, in sehr feine Stifte geschnitten
250 g Champignons, in feine Scheiben geschnitten
1 grüne Paprika, in feine Streifen geschnitten
1 TL Salz
125 ml heiße Hühnerbrühe
200 g Bohnensprossen
2 EL fein gehackte Frühlingszwiebeln

MARINADE

1 TL helle Sojasauce
1 Spritzer Sesamöl
1 Prise weißer Pfeffer

1. Für die Marinade alle Zutaten in einer Schüssel verrühren und das Fleisch darin mindestens 20 Minuten marinieren.

2. Die Nudeln nach Packungsanleitung kochen. Abgießen und beiseitestellen.

3. In einem vorgeheizten Wok oder einer Pfanne 1 Teelöffel Öl erhitzen. Das Fleisch darin unter Rühren anbräunen. Herausnehmen und beiseitestellen.

4. Den Wok mit Küchenpapier sauber auswischen und erneut erhitzen. Das restliche Öl hineingeben, dann Knoblauch und Ingwer zufügen und darin schwenken, bis sie zu duften beginnen. Nacheinander Karotte, Pilze und Paprika zugeben und jeweils 1 Minute pfannenrühren. Das Schweinefleisch mit Salz und Brühe unterheben und alles gut erhitzen. Mit den Nudeln, dann mit den Bohnensprossen vermengen. Mit den Frühlingszwiebeln bestreuen und sofort servieren.

Reis mit Schweinefleisch und Garnelen

FÜR 4 PERSONEN

3 TL Pflanzen- oder Erdnussöl
1 Ei, leicht verquirlt
100 g rohe Garnelen, ausgelöst und halbiert
100 g Schweinebraten oder geräucherter Speck, fein gehackt
2 EL fein gehackte Frühlingszwiebeln
200 g gekochter Reis, gekühlt
1 TL Salz

1. In einem vorgeheizten Wok oder einer tiefen Pfanne 1 Teelöffel Öl erhitzen. Das Ei zugeben und zu Rührei braten. Aus dem Wok nehmen und beiseitestellen.

2. Das restliche Öl erhitzen und darin Garnelen, Schweinebraten und Frühlingszwiebeln etwa 2 Minuten unter Rühren braten. Reis und Salz zufügen und alles 2 Minuten weiterbraten, dabei den Reis gut auflockern. Das Rührei unterheben. Sofort servieren.

Schweinefleisch süßsauer

FÜR 4 PERSONEN

150 ml Pflanzenöl
250 g Schweinefilet, in 1 cm große Würfel geschnitten
1 Zwiebel, in Ringe geschnitten
1 grüne Paprika, in Streifen geschnitten
250 g Ananasstücke
1 kleine Karotte, in feine Stifte geschnitten
30 g Bambussprossen aus der Dose, abgespült, abgetropft und halbiert
frisch gekochter Reis, zum Servieren

AUSBACKTEIG
120 g Mehl
1 EL Speisestärke
1½ TL Backpulver
1 EL Pflanzenöl

SAUCE
120 g brauner Zucker
2 EL Speisestärke
120 ml Weißweinessig
2 Knoblauchzehen, zerdrückt
4 EL Tomatenmark
90 ml Ananassaft

1. Für den Ausbackteig Mehl, Speisestärke und Backpulver in eine Rührschüssel sieben. Das Pflanzenöl zugeben und mit so viel Wasser (etwa 180 ml) verrühren, dass ein dicker glatter Teig entsteht.

2. Einen Wok vorheizen, das Pflanzenöl zugeben und sehr stark erhitzen.

3. Die Fleischwürfel in den Teig tauchen und portionsweise im heißen Öl gar frittieren. Mit einem Schaumlöffel aus dem Wok nehmen, auf Küchenpapier abtropfen lassen und bis zur Weiterverarbeitung warm halten.

4. Das Öl bis auf 1 Esslöffel aus dem Wok abgießen und diesen wieder erhitzen. Zwiebel, Paprika, Ananasstücke, Karotte und Bambussprossen 1–2 Minuten darin braten. Mit einem Schaumlöffel herausnehmen und beiseitestellen.

5. In einer Schüssel alle Zutaten für die Sauce vermengen, in den Wok geben und aufkochen. So lange rühren, bis die Mischung eingedickt und klar ist. 1 Minute kochen. Das Fleisch und das Gemüse zurück in den Wok geben und weitere 1–2 Minuten kochen. Auf einer Servierplatte anrichten und mit frisch gekochtem Reis servieren.

Schweinefleisch-Garnelen-Röllchen

ERGIBT 20 STÜCK

120 g schnittfester Tofu
3 EL Pflanzen- oder Erdnussöl
1 TL fein gehackter Knoblauch
60 g mageres Schweinefleisch, grob gehackt
120 g rohe Garnelen, ausgelöst
½ kleine Karotte, in feine Stifte geschnitten
60 g Bambussprossen aus der Dose, abgespült, abgetropft und in Stifte geschnitten
120 g Weißkohl, in feine Streifen geschnitten
60 g Zuckererbsen, in feine Streifen geschnitten
1 Omelett, in feine Streifen geschnitten
1 TL Salz
1 TL helle Sojasauce
1 TL Shaoxing-Reiswein
1 Prise weißer Pfeffer
20 chinesische Pfannkuchen
Chili-Bohnen-Sauce, zum Servieren

1. Den Tofu horizontal in dünne Scheiben schneiden. In einer Pfanne 1 Esslöffel Öl erhitzen, die Tofuscheiben hineingeben und 4–5 Minuten unter Wenden goldbraun braten. Herausheben, die Scheiben in dünne Stifte schneiden und beiseitestellen.

2. Das restliche Öl in einem Wok oder einer tiefen Pfanne erhitzen und den Knoblauch darin schwenken, bis er zu duften beginnt. Das Schweinefleisch zufügen und 1 Minute anbraten. Die Garnelen zugeben und 1 Minute unter Rühren mitbraten. Nacheinander Karotte, Bambussprossen, Kohl, Zuckererbsen, Tofu und Omelettstreifen unterrühren. Mit Salz, Sojasauce, Reiswein und Pfeffer abschmecken und 1 weitere Minute pfannenrühren.

3. Die Pfannkuchen mit etwas Chili-Bohnen-Sauce bestreichen und auf jeden 1 gehäuften Esslöffel Füllung geben. Den unteren Teigrand einmal um die Füllung legen, dann die beiden Seiten einschlagen und fest aufrollen. Die Röllchen diagonal halbieren und mit Chili-Bohnen-Sauce servieren.

Schweinefleisch-Ingwer-Wantans

ERGIBT 50 STÜCK

450 g Schweinehackfleisch
1 EL helle Sojasauce
1½ TL Salz
1 TL Shaoxing-Reiswein
½ TL Sesamöl
100 g Weißkohl, in feine Streifen geschnitten
2 TL fein gehackter frischer Ingwer
2 TL fein gehackte Frühlingszwiebel
½ TL weißer Pfeffer
50 runde Wantan-Teigblätter (etwa 7 cm Durchmesser)
Mehl, zum Bestäuben

SAUCE
1 EL dunkle Sojasauce
1 EL dunkler Reisessig
½ TL Zucker
1 TL fein gehackter frischer Ingwer
1 TL fein gehackter Knoblauch

1. Für die Füllung in einer Schüssel Hackfleisch, Sojasauce und ½ Teelöffel Salz vermengen, bis eine dicke Paste entsteht. Dann Reiswein und Sesamöl unterrühren. Abdecken und mindestens 20 Minuten ruhen lassen.

2. Den Kohl mit dem restlichen Salz bestreuen und mit Ingwer, Frühlingszwiebel und Pfeffer mindestens 5 Minuten gut verkneten. Mit der Hackfleischmischung vermengen.

3. Jeweils etwa 1 Esslöffel Füllung in die Mitte jedes Wantan-Teigblatts geben. Die Ränder mit etwas Wasser anfeuchten und wellenförmig zusammendrücken. Dann auf ein leicht bemehltes Küchenbrett geben.

4. In einem großen Topf 1 Liter Wasser sprudelnd aufkochen lassen. Jeweils 25 Wantans hineingeben und sofort umrühren, damit sie nicht zusammenkleben. Abgedeckt zum Kochen bringen und 2 Minuten garen. 200 ml kaltes Wasser zugießen und ohne Deckel erneut aufkochen. Dann wieder abdecken und weitere 2 Minuten garen. Mit einem Schaumlöffel die Wantans aus dem Wasser heben und warm halten. Alternativ können die Wantans auch in einem Bambusdämpfer gegart werden, der in den Wok eingesetzt wird.

5. Für die Sauce alle Zutaten in einer Schüssel gut miteinander verrühren. In kleine Schälchen füllen und als Dip zu den Wantans reichen.

Spareribs in süßsaurer Sauce

FÜR 4 PERSONEN

450 g Spareribs, in mundgerechte Stücke zerteilt

Pflanzen- oder Erdnussöl, zum Frittieren

1½ EL Pflanzen- oder Erdnussöl

1 grüne Paprika, grob gehackt

1 kleine Zwiebel, grob gehackt

1 kleine Karotte, in feine Scheiben geschnitten

½ TL fein gehackter Knoblauch

½ TL fein gehackter frischer Ingwer

100 g Ananasstücke aus der Dose

MARINADE

2 TL helle Sojasauce

½ TL Salz

1 Prise weißer Pfeffer

SAUCE

3 EL weißer Reisessig

2 EL Zucker

1 EL helle Sojasauce

1 EL Tomatenketchup

1. Für die Marinade alle Zutaten in einer Schüssel verrühren, das Fleisch zugeben und mindestens 20 Minuten marinieren.

2. Reichlich Öl in einem Wok, einem großen Topf oder in einer Fritteuse auf 180 °C erhitzen (ein Brotwürfel bräunt darin in 30 Sekunden). Die Spareribs darin 8 Minuten frittieren, abtropfen lassen und beiseitestellen.

3. Für die Sauce Essig, Zucker, Sojasauce und Ketchup in eine Schüssel geben und verrühren. Beiseitestellen.

4. In einem vorgeheizten Wok 1 Esslöffel Öl erhitzen. Paprika, Zwiebel und Karotte 2 Minuten unter Rühren anbraten. Herausnehmen und beiseitestellen.

5. Den Wok mit Küchenpapier sauber auswischen, das restliche Öl zugeben und erhitzen. Knoblauch und Ingwer darin schwenken, bis sie zu duften beginnen. Die Sauce unterrühren und zum Kochen bringen. Die Ananasstücke unterheben. Spareribs und Gemüse wieder in den Wok geben und alles noch einmal erhitzen. Sofort servieren.

Hackbällchen mit Krebsfleisch

FÜR 6 PERSONEN

250 g Schweinefilet, fein gehackt
170 g Krebsfleisch aus der Dose, abgetropft
3 Frühlingszwiebeln, fein gehackt
1 Knoblauchzehe, fein gehackt
1 TL rote Thai-Currypaste
1 EL Speisestärke
1 Eiweiß
Pflanzen- oder Erdnussöl, zum Frittieren
frisch gekochter Reis, zum Servieren

SAUCE
1 EL Pflanzen- oder Erdnussöl
2 Schalotten, gehackt
1 Knoblauchzehe, zerdrückt
2 große, frische rote Chillies, entkernt und gehackt
4 Frühlingszwiebeln, gehackt
3 Tomaten, grob gehackt

1. Schweine- und Krebsfleisch in eine Schüssel geben und vermengen. Frühlingszwiebeln, Knoblauch, Currypaste, Speisestärke und Eiweiß zugeben und alles zu einer glatten Mischung verrühren. Mit angefeuchteten Händen aus der Mischung walnussgroße Bällchen formen.

2. Reichlich Öl in einem Wok, einem großen Topf oder einer Fritteuse auf 180 °C erhitzen (ein Brotwürfel bräunt darin in 30 Sekunden) und die Fleischbällchen darin portionsweise je 3–4 Minuten rundum goldbraun frittieren. Auf Küchenpapier abtropfen lassen und warm stellen.

3. Für die Sauce das Öl in einem Wok erhitzen. Schalotten und Knoblauch darin unter Rühren 1–2 Minuten anbraten. Chillies und Frühlingszwiebeln zugeben, weitere 1–2 Minuten rühren, dann die Tomaten untermengen. Die Sauce über die Fleischbällchen geben und zusammen mit dem gekochten Reis servieren.

Lammpfanne mit Orangen

FÜR 4 PERSONEN

450 g Lammhackfleisch
2 Knoblauchzehen, zerdrückt
1 TL Kreuzkümmelsamen
1 TL gemahlener Koriander
1 rote Zwiebel, in Ringe geschnitten
fein abgeriebene Schale und Saft von 1 Orange
2 EL Sojasauce
1 Orange, filetiert
Salz und Pfeffer
Schnittlauchröllchen, zum Garnieren

1. Einen großen Wok oder eine große Pfanne ohne Fett erhitzen. Das Lammhackfleisch in den Wok geben und 5 Minuten gleichmäßig bräunen. Das austretende Fett abgießen.

2. Knoblauch, Kreuzkümmelsamen, Koriander und Zwiebel zufügen und 5 Minuten mitgaren.

3. Orangenschale und -saft sowie Sojasauce untermengen. Den Wok bedecken, die Hitze reduzieren und alles unter gelegentlichem Rühren 15 Minuten köcheln.

4. Den Deckel abnehmen und die Hitze erhöhen. Die Orangenspalten zufügen.

5. Alles mit Salz und Pfeffer abschmecken und weitere 2–3 Minuten erhitzen. Das fertige Gericht auf vorgewärmte Teller verteilen und mit Schnittlauchröllchen garnieren. Sofort servieren.

Lammfleisch in Bohnensauce mit Paprika

FÜR 4 PERSONEN

450 g mageres Lammfleisch aus Nacken oder Keule
1 Eiweiß, leicht verquirlt
4 EL Speisestärke
1 TL Fünf-Gewürze-Pulver
3 EL Sonnenblumenöl
1 rote Zwiebel, in Ringe geschnitten
1 rote Paprika, in Streifen geschnitten
1 grüne Paprika, in Streifen geschnitten
1 gelbe Paprika, in Streifen geschnitten
5 EL Schwarze-Bohnen-Sauce
frisch gekochter Reis oder gekochte asiatische Eiernudeln, zum Servieren

1. Das Lammfleisch mit einem scharfen Messer in sehr schmale Streifen schneiden.

2. Eiweiß, Speisestärke und Fünf-Gewürze-Pulver in einer großen Schüssel vermengen. Die Fleischstreifen gleichmäßig in der Mischung wenden.

3. Das Öl in einem vorgeheizten Wok oder einer großen Pfanne erhitzen. Das Lammfleisch zufügen und bei starker Hitze 5 Minuten braun und knusprig braten.

4. Zwiebel und Paprikastreifen in den Wok geben und 5–6 Minuten garen; das Gemüse sollte noch bissfest sein.

5. Die Schwarze-Bohnen-Sauce in die Gemüse-Fleisch-Mischung einrühren.

6. Das Gericht auf vorgewärmte Teller geben und mit Reis oder Nudeln servieren.

Chop Suey mit Rindfleisch

FÜR 4 PERSONEN

450 g Rumpsteak, in feine Streifen geschnitten

1 Brokkoli, in Röschen zerteilt

2 EL Pflanzen- oder Erdnussöl

1 Zwiebel, in feine Ringe geschnitten

2 Selleriestangen, diagonal in feine Ringe geschnitten

250 g Zuckererbsen, längs halbiert

60 g Bambussprossen aus der Dose, abgespült, abgetropft und in Stifte geschnitten

8 Wasserkastanien aus der Dose, abgespült, abgetropft und in feine Scheiben geschnitten

250 g Champignons, in feine Scheiben geschnitten

1 EL Austernsauce

1 TL Salz

MARINADE

1 EL Shaoxing-Reiswein

1 Prise weißer Pfeffer

1 Prise Salz

1 EL helle Sojasauce

½ TL Sesamöl

1. Für die Marinade alle Zutaten in einer Schüssel verrühren und das Fleisch darin mindestens 20 Minuten marinieren. Den Brokkoli in einem großen Topf mit kochendem Wasser 30 Sekunden blanchieren. Abtropfen lassen und beiseitestellen.

2. In einem vorgeheizten Wok oder einer tiefen Pfanne 1 Esslöffel Öl erhitzen und die Fleischstreifen darin rundum anbräunen. Herausnehmen und beiseitestellen.

3. Den Wok mit Küchenpapier sauber auswischen, das restliche Öl hineingießen und erhitzen. Die Zwiebel zufügen und 1 Minute darin schwenken. Sellerie und Brokkoli zugeben und 2 Minuten pfannenrühren. Zuckererbsen, Bambussprossen, Wasserkastanien und Pilze zufügen und 1 Minute unter Rühren braten. Die Rindfleischstreifen wieder in den Wok geben. Mit Austernsauce und Salz würzen. Sofort servieren.

Chow Mein mit Rindfleisch

FÜR 4 PERSONEN

300 g Rinderfiletsteak, in Streifen geschnitten
250 g asiatische Eiernudeln
2 EL Pflanzen- oder Erdnussöl
1 Zwiebel, in feine Ringe geschnitten
1 grüne Paprika, in feine Streifen geschnitten
150 g Bohnensprossen
1 TL Salz
1 Prise Zucker
2 TL Shaoxing-Reiswein
2 EL helle Sojasauce
1 EL dunkle Sojasauce
1 EL fein gehackte Frühlingszwiebeln

MARINADE
1 TL helle Sojasauce
1 Spritzer Sesamöl
½ TL Shaoxing-Reiswein
1 Prise weißer Pfeffer

1. Für die Marinade alle Zutaten in einer Schüssel verrühren und das Fleisch darin mindestens 20 Minuten marinieren.

2. Die Nudeln nach Packungsanleitung kochen. Unter fließend kaltem Wasser abschrecken und beiseitestellen.

3. Das Öl in einem vorgeheizten Wok oder einer tiefen Pfanne erhitzen und das Rindfleisch darin etwa 1 Minute unter Rühren anbräunen. Die Zwiebel zugeben und 1 Minute pfannenrühren, dann Paprika und Bohnensprossen hineingeben. Die Gemüseflüssigkeit sollte vollständig verdampfen. Salz, Zucker, Reiswein und beide Sojasaucen zufügen und alles 1 Minute pfannenrühren. Die Nudeln unterheben und 1 Minute erhitzen. Zuletzt die Frühlingszwiebeln unterrühren. Sofort servieren.

Hühnchen süßsauer

FÜR 4–6 PERSONEN

450 g Hähnchenbrustfilet, in mundgerechte Stücke geschnitten

75 ml Pflanzen- oder Erdnussöl

½ TL gehackter Knoblauch

½ TL fein gehackter frischer Ingwer

1 grüne Paprika, in Stücke geschnitten

1 Zwiebel, grob gehackt

1 Karotte, in feine Scheiben geschnitten

1 TL Sesamöl

1 EL fein gehackte Frühlingszwiebeln

frisch gekochter Reis, zum Servieren

MARINADE

2 TL helle Sojasauce

1 TL Shaoxing-Reiswein

1 Prise weißer Pfeffer

½ TL Salz

1 Spritzer Sesamöl

SAUCE

120 ml Reisessig

4 EL Zucker

2 TL helle Sojasauce

6 EL Tomatenketchup

1. Für die Marinade alle Zutaten in einer Schüssel verrühren, das Fleisch zugeben und mindestens 20 Minuten marinieren.

2. Für die Sauce den Essig in einen Topf geben und erhitzen. Zucker, Sojasauce und Ketchup zufügen und so lange rühren, bis sich der Zucker aufgelöst hat. Beiseitestellen.

3. In einem vorgeheizten Wok oder einer großen Pfanne 3 Esslöffel Öl erhitzen und das Fleisch darin unter Rühren goldbraun anbraten. Aus dem Wok nehmen und beiseitestellen.

4. Den Wok mit Küchenpapier sauber auswischen und das restliche Öl darin erhitzen. Knoblauch und Ingwer darin schwenken, bis sie zu duften beginnen. Das Gemüse zufügen und unter Rühren 2 Minuten braten. Das Fleisch in den Wok geben und 1 Minute erhitzen. Sauce und Sesamöl unterrühren. Die Frühlingszwiebeln zufügen und zusammen mit dem gekochten Reis servieren.

Gong-Bau-Hühnchen

FÜR 4 PERSONEN

- 2 Hähnchenbrustfilets, in 1 cm große Würfel geschnitten
- 1 EL Pflanzen- oder Erdnussöl
- 10 getrocknete rote Chillies (oder nach Belieben), jeweils in 2–3 Stücke geschnitten
- 1 TL Sichuan-Pfefferkörner
- 3 Knoblauchzehen, in feine Scheiben geschnitten
- 2,5-cm-Stück Ingwerwurzel, in feine Scheiben geschnitten
- 1 EL grob gehackte Frühlingszwiebeln (nur vom weißen Teil)
- 80 g geröstete Erdnüsse
- frisch gekochter Reis, zum Servieren

MARINADE

- 2 TL helle Sojasauce
- 1 TL Shaoxing-Reiswein
- ½ TL Zucker

SAUCE

- 1 TL helle Sojasauce
- 1 TL dunkle Sojasauce
- 1 TL schwarzer Reisessig
- einige Tropfen Sesamöl
- 2 EL Hühnerbrühe
- 1 TL Zucker

1. Für die Marinade alle Zutaten in einer Schüssel verrühren, das Fleisch zugeben und mindestens 20 Minuten marinieren. Die Zutaten für die Sauce in eine andere Schüssel geben, verrühren und beiseitestellen.

2. Das Öl in einem vorgeheizten Wok oder einer großen Pfanne erhitzen. Chillies und Pfeffer darin schwenken, bis sie zu duften beginnen. Das Fleisch zugeben und unter Rühren anbraten. Knoblauch, Ingwer und Frühlingszwiebeln zufügen. Unter Rühren etwa 5 Minuten braten, bis das Fleisch gar ist.

3. Die Sauce einrühren und die Erdnüsse unterheben. Zusammen mit dem gekochten Reis servieren.

Hühnchen mit Shiitake-Pilzen

FÜR 4 PERSONEN

2 EL Pflanzenöl

650 g Hähnchenbrustfilet, in 2,5 cm große Stücke geschnitten

1 TL geriebener frischer Ingwer

3 Karotten, in feine Scheiben geschnitten

2 Zwiebeln, in feine Ringe geschnitten

100 g Bohnensprossen

400 g frische Shiitake-Pilze, in feine Scheiben geschnitten, oder 250 g getrocknete Shiitake-Pilze, 20 Minuten in warmem Wasser eingeweicht und in Scheiben geschnitten

3 EL frisch gehackter Koriander

frisch gekochte asiatische Eier- oder Reisnudeln, zum Servieren

SAUCE

180 g Zucker

250 ml Sojasauce

1 TL chinesisches Fünf-Gewürze-Pulver

250 ml süßer Sherry

1. Für die Sauce alle Zutaten in eine Schüssel geben, gut verrühren und beiseitestellen.

2. Das Öl in einem Wok oder einer großen Pfanne auf mittlerer Stufe erhitzen. Das Fleisch zugeben und 2 Minuten darin pfannenrühren. Den Ingwer zufügen und unter ständigem Rühren 1 Minute mitgaren. Die Sauce zugießen und alles 2 Minuten kochen.

3. Nacheinander Karotten, Zwiebeln, Bohnensprossen, Pilze und Koriander zugeben und gut verrühren.

4. Wenn die Sauce eingedickt ist, das Gericht auf vorgewärmte Servierschalen verteilen und sofort mit frisch gekochten Nudeln servieren.

Über-die-Brücke-Nudeln

FÜR 4 PERSONEN

300 g dünne asiatische Eiernudeln

200 g Choi Sum (chinesischer Kohl), alternativ Pak Choi oder Chinakohl, große Blätter klein geschnitten

2 l Hühnerbrühe

1-cm-Stück Ingwerwurzel, geschält

1–2 TL Salz

1 TL Zucker

1 Hähnchenbrustfilet, diagonal in feine Streifen geschnitten

200 g Weißfischfilet, diagonal in feine Streifen geschnitten

1 EL helle Sojasauce

1. Die Nudeln nach Packungsanleitung kochen. Unter fließend kaltem Wasser abschrecken und beiseitestellen. Den Kohl in einem großen Topf mit kochendem Wasser 30 Sekunden blanchieren. Unter fließend kaltem Wasser abschrecken und beiseitestellen.

2. Die Brühe in einem großen Topf zum Kochen bringen. Ingwer, 1 Teelöffel Salz und Zucker zufügen. Das Fett abschöpfen. Das Hähnchenfleisch zugeben und etwa 4 Minuten garen. Die Fischstreifen zufügen und alles etwa 4 Minuten köcheln lassen, bis Hähnchen und Fisch gar sind.

3. Nudeln, Kohl und Sojasauce zugeben und alles erneut zum Kochen bringen. Abschmecken. In Suppenschalen füllen und sofort servieren.

Hühnchen mit Cashewkernen

FÜR 4–6 PERSONEN

450 g Hähnchenfleisch ohne Knochen, in mundgerechte Stücke geschnitten

3 getrocknete chinesische Pilze, 20 Minuten in warmem Wasser eingeweicht

2 EL Pflanzen- oder Erdnussöl

4 Scheiben Ingwerwurzel

1 TL fein gehackter Knoblauch

1 rote Paprika, in 2,5 cm große Würfel geschnitten

1 EL helle Sojasauce

80 g Cashewkerne, geröstet

MARINADE

1 TL Shaoxing-Reiswein

1 Prise Zucker

½ TL Salz

2 EL helle Sojasauce

1. Für die Marinade alle Zutaten in eine Schüssel geben und verrühren. Das Fleisch zufügen und mindestens 20 Minuten marinieren.

2. Die Pilze gut ausdrücken, die harten Stiele entfernen und die Hüte in feine Streifen schneiden. Das Einweichwasser aufbewahren.

3. In einem vorgeheizten Wok 1 Esslöffel Öl erhitzen und den Ingwer darin schwenken, bis er zu duften beginnt. Das Fleisch zugeben und unter Rühren 2 Minuten anbräunen. Aus dem Wok nehmen, bevor es vollständig gar ist, und beiseitestellen.

4. Den Wok mit Küchenpapier sauber auswischen und das restliche Öl darin erhitzen. Den Knoblauch darin schwenken, bis er zu duften beginnt. Pilze und Paprika zufügen und 1 Minute pfannenrühren. Etwa 2 Esslöffel Einweichwasser zugießen und 2 Minuten köcheln, bis es verdampft ist. Das Fleisch zurück in den Wok geben, Sojasauce und Cashewkerne zufügen und alles 2 Minuten unter Rühren garen.

Hühnchen-Reis-Pfanne

FÜR 4 PERSONEN

½ EL Sesamöl
6 Schalotten, geviertelt
450 g Hühnerfleisch, gekocht und gewürfelt
3 EL helle Sojasauce
2 Karotten, gewürfelt
1 Selleriestange, gewürfelt
1 rote Paprika, gewürfelt
150 g Erbsen, Tiefkühlware aufgetaut
100 g Mais aus der Dose, abgetropft
250 g gekochter Langkornreis
2 große Eier, verquirlt

1. Das Öl in einem Wok oder einer großen Pfanne auf mittlerer Stufe erhitzen. Die Schalotten zufügen und weich dünsten. Dann das Hühnerfleisch und 2 Esslöffel Sojasauce zugeben und 5–6 Minuten pfannenrühren.

2. Karotten, Sellerie, Paprika, Erbsen und Mais zugeben und alles 5 Minuten pfannenrühren. Dann den Reis unterrühren und gut durcherhitzen.

3. Zuletzt das Ei und die restliche Sojasauce unterrühren. Alles gut vermengen und sofort servieren.

Peking-Ente

FÜR 6–10 PERSONEN

1 küchenfertige Ente, etwa 2 kg
1,75 l Wasser
1 EL Honig
1 EL Shaoxing-Reiswein
1 TL weißer Reisessig

ZUM SERVIEREN

1 Gurke, geschält, entkernt und in sehr feine Stifte geschnitten
10 Frühlingszwiebeln, in Streifen geschnitten (nur die weißen Teile)
30 chinesische Pfannkuchen
Pflaumen- oder Hoisin-Sauce

1. Die Ente außen und innen abspülen und trocken tupfen. Die Haut durch Massieren vom Fleisch lösen, aber nicht entfernen.

2. Das Wasser in einem großen Topf zum Kochen bringen. Honig, Reiswein und Essig zugeben und die Ente vorsichtig hineingleiten lassen. Etwa 1 Minute mit dem Wasser übergießen, dann die Ente herausnehmen und zum Trocknen einige Stunden oder über Nacht aufhängen.

3. Den Backofen auf 200 °C vorheizen. Die Ente auf einen Rost über eine Fettpfanne legen und im Ofen mindestens 1 Stunde braten, bis die Haut sehr knusprig und das Fleisch gar ist.

4. Die Ente zusammen mit Gurke, Frühlingszwiebeln und Pfannkuchen servieren. Dazu die Haut ablösen, das Fleisch aufschneiden und beides stückchenweise mit Gurke und Frühlingszwiebeln auf die Pfannkuchen geben. Mit etwas Pflaumen- oder Hoisin-Sauce beträufeln und aufrollen.

Ente mit Mais und Ananas

FÜR 4 PERSONEN

4 Entenbrustfilets
1 TL Fünf-Gewürze-Pulver
1 EL Speisestärke
1 EL Chiliöl
250 g Schalotten, geschält
2 Knoblauchzehen, zerdrückt
100 g Babymaiskolben
180 g Ananasstücke aus der Dose
6 Frühlingszwiebeln, in Ringe geschnitten
100 g Bohnensprossen
2 EL Pflaumensauce

1. Die Entenbrustfilets in dünne Scheiben schneiden.

2. Fünf-Gewürze-Pulver und Speisestärke in einer großen Schüssel vermengen. Die Fleischscheiben gleichmäßig in der Mischung wenden.

3. Das Öl in einen vorgeheizten Wok geben und erhitzen. Das Fleisch darin 10 Minuten unter Rühren knusprig anbraten. Herausnehmen und beiseitestellen.

4. Schalotten und Knoblauch in den Wok geben und 5 Minuten braten. Den Mais zugeben und 5 Minuten pfannenrühren. Ananas, Frühlingszwiebeln und Bohnensprossen zufügen. Alles weitere 3–4 Minuten pfannenrühren. Dann die Pflaumensauce unterrühren.

5. Das Fleisch wieder in den Wok geben und gut mit den anderen Zutaten vermengen. Heiß servieren.

Pute mit Brokkoli und Pak Choi

FÜR 4 PERSONEN

450 g Putenbrustfilet, in Streifen geschnitten

1 EL Pflanzenöl

1 Brokkoli, in Röschen zerteilt

2 Pak Choi, die Blätter abgetrennt, alternativ entsprechende Menge Wirsingblätter

1 rote Paprika, in feine Streifen geschnitten

50 ml Hühnerbrühe

frisch gekochter Reis, zum Servieren

MARINADE

1 EL dunkle Sojasauce

1 EL Honig

2 Knoblauchzehen, zerdrückt

1. Für die Marinade alle Zutaten in eine Schüssel geben und vermengen. Das Fleisch gleichmäßig in der Marinade wenden. Mit Frischhaltefolie abgedeckt 30 Minuten im Kühlschrank marinieren.

2. Das Öl in einem Wok oder einer großen Pfanne bei mittlerer Hitze 1 Minute erwärmen. Das Fleisch hineingeben und 3 Minuten pfannenrühren. Mit einem Schaumlöffel herausnehmen und warm halten.

3. Anschließend Brokkoli, Pak Choi und Paprika in den Wok geben und 2 Minuten pfannenrühren. Die Brühe zugießen und das Gemüse weitere 2 Minuten garen. Es sollte noch bissfest sein.

4. Das Fleisch zurück in den Wok geben und kurz erhitzen. Sofort mit frisch gekochtem Reis servieren.

Pute mit Bambussprossen und Wasserkastanien

FÜR 4 PERSONEN

450 g Putenbrustfilet, in Würfel geschnitten
1 EL Sesamöl
120 g kleine Champignons, halbiert
1 grüne Paprika, in Streifen geschnitten
1 Zucchini, in feine Scheiben geschnitten
4 Frühlingszwiebeln, geviertelt
120 g Bambussprossen aus der Dose, abgespült und abgetropft
120 g Wasserkastanien aus der Dose, abgespült, abgetropft und in Scheiben geschnitten

MARINADE
4 EL süßer Sherry
1 EL Zitronensaft
1 EL dunkle Sojasauce
2 TL geriebener frischer Ingwer
1 Knoblauchzehe, zerdrückt

1. Für die Marinade alle Zutaten in eine Schüssel geben und verrühren. Das Putenfleisch unterheben. Mit Frischhaltefolie abdecken und 3–4 Stunden im Kühlschrank marinieren.

2. Das Öl in einen vorgeheizten Wok geben und erhitzen. Das Putenfleisch aus der Marinade heben (die Marinade aufbewahren) und portionsweise im Wok kurz anbraten. Das Fleisch aus dem Wok nehmen und beiseitestellen.

3. Pilze, Paprika und Zucchini 3 Minuten im Wok pfannenrühren. Die Frühlingszwiebeln zugeben und 1 weitere Minute mitbraten. Bambussprossen und Wasserkastanien zufügen, dann das Putenfleisch mit der Hälfte der Marinade zugeben. Alles 2–3 Minuten auf mittlerer Stufe erwärmen und die Marinade etwas einkochen.

4. Sofort in vorgewärmten Schüsseln servieren.

Fisch und Meeresfrüchte

In Chinas Küstengewässern und Flüssen tummeln sich unzählige Süß- und Salzwasserfische sowie Meeresfrüchte. Besonders beliebt sind Hecht, Karpfen, Mandarinfisch, Maifisch und Zackenbarsch. Auch Garnelen, Jakobsmuscheln, Tintenfische und Venusmuscheln sind äußerst populär.

Trotz einer Küstenlinie von 4800 Kilometer Länge sind Süßwasserfische und -schalentiere in der chinesischen Küche beliebter als Meerestiere. Viele Fische werden in speziellen Teichen gezüchtet. Süßwassertiere – insbesondere Krebse – werden als schmackhafter und hochwertiger erachtet als ihre Verwandten aus dem Meer. Weichschalige Süßwasserkrebse werden insbesondere in Peking zu Höchstpreisen angeboten.

Chinesen bereiten Fische gern im Ganzen zu – entweder gedämpft, ochiert oder frittiert. Hummer und Krebse werden gerne in aromasiertem Öl gebraten, das durch den Chitinpanzer bis ins Fleisch ordringt. Viele Chinesen lieben es, die dabei entstehende, äußerst östliche Sauce von den Krebstierschalen zu saugen.

Auch wenn Fisch und Meeresfrüchte häufig in der Küche verarbeitet verden, mögen Chinesen keinen Fischgeruch. Dieser wird gern mit noblauch und salziger Schwarze-Bohnen-Sauce übertönt. Frische teht bei Fisch immer an höchster Stelle. Jeder Koch, der etwas uf sich hält, kauft noch lebenden Fisch ein, der erst kurz vor der ubereitung getötet wird. Da dies in Deutschland nicht erlaubt ist, ollten Sie Fisch immer beim Fischhändler Ihres Vertrauens kaufen.

Chow Mein mit Meeresfrüchten

FÜR 4 PERSONEN

80 g küchenfertiger Tintenfisch
3–4 ausgelöste Jakobsmuscheln
80 g rohe Garnelen, ausgelöst
½ Eiweiß, leicht verquirlt
2 TL Speisestärke, mit 2½ TL Wasser angerührt
250 g asiatische Eiernudeln
5–6 EL Pflanzenöl
2 EL helle Sojasauce
60 g Zuckererbsen, in Streifen geschnitten
½ TL Salz
½ TL Zucker
1 TL Shaoxing-Reiswein
2 Frühlingszwiebeln, fein gehackt
einige Tropfen Sesamöl

1. Die Tintenfischtuben aufschneiden und die Innenseite mit einem scharfen Küchenmesser kreuzförmig einritzen. Dann die Tuben in 2,5 cm große Stücke schneiden. In eine Schüssel mit kochendem Wasser geben, bis sich die Ränder nach außen wölben. Mit fließend kaltem Wasser abspülen und abtropfen lassen.

2. Jede Jakobsmuschel in 3–4 Scheiben schneiden. Große Garnelen der Länge nach halbieren. Jakobsmuscheln und Garnelen in eine Schüssel geben, Eiweiß und Stärkemischung zufügen und alles vermengen.

3. Die Nudeln nach Packungsanleitung kochen. Abgießen, abtropfen lassen und mit 1 Esslöffel Öl vermengen.

4. In einen vorgeheizten Wok 3 Esslöffel Öl geben und erhitzen. Nudeln und 1 Esslöffel Sojasauce zufügen und 2–3 Minuten anbraten. Auf einen großen Servierteller geben und warm halten.

5. Das restliche Öl im Wok erhitzen und Zuckererbsen und Meeresfrüchte zugeben. Etwa 2 Minuten anbraten, dann Salz, Zucker, Reiswein, die restliche Sojasauce und etwa die Hälfte der Frühlingszwiebeln zufügen. Gut vermengen und bei Bedarf ein wenig Brühe oder Wasser zugießen. Die Mischung auf die Nudeln geben und mit etwas Sesamöl beträufeln. Mit den restlichen Frühlingszwiebeln garnieren und servieren.

Wolfsbarsch mit Gemüse

FÜR 4–6 PERSONEN

1 ganzer Wolfsbarsch (450–650 g), ausgenommen

2 TL Salz

6 EL Pflanzen- oder Erdnussöl

2 Scheiben Ingwerwurzel

2 Knoblauchzehen, in feine Scheiben geschnitten

2 Frühlingszwiebeln, grob gehackt

je 1 grüne und rote Paprika, in feine Streifen geschnitten

1 Karotte, in feine Scheiben geschnitten

60 g Bambussprossen aus der Dose, abgespült, abgetropft und in feine Stifte geschnitten

2 Tomaten, gehäutet, entkernt und in feine Scheiben geschnitten

1 EL Shaoxing-Reiswein

2 EL weißer Reisessig

1 EL helle Sojasauce

1 EL Zucker

1. Den Fisch innen und außen gut abspülen und trocken tupfen. Auf beiden Seiten mehrmals diagonal tief einschneiden und ½ Teelöffel Salz in die Haut reiben.

2. Im vorgeheizten Wok 4 Esslöffel Öl erhitzen und den Fisch darin von jeder Seite etwa 4 Minuten braten, bis das Fleisch weich ist. Abtropfen lassen und warm halten.

3. Den Wok mit Küchenpapier sauber auswischen, das restliche Öl hineingießen und erhitzen. Ingwer, Knoblauch und Frühlingszwiebeln darin schwenken, bis sie zu duften beginnen. Gemüse und restliches Salz zugeben und alles 2–3 Minuten unter Rühren braten. Die restlichen Zutaten zufügen und weitere 2–3 Minuten pfannenrühren. Sauce und Gemüse über den Fisch geben und sofort servieren.

Jakobsmuscheln und Lachs mit Koriander und Limette

FÜR 4 PERSONEN

90 ml Erdnussöl
250 g Lachsfilet ohne Haut, in 2,5 cm große Stücke geschnitten
250 g Jakobsmuscheln
3 Karotten, in feine Scheiben geschnitten
2 Selleriestangen, in 2,5 cm große Stücke geschnitten
2 gelbe Paprika, in feine Streifen geschnitten
180 g Austernpilze, in Scheiben geschnitten
1 Knoblauchzehe, zerdrückt
6 EL frisch gehackter Koriander
3 Schalotten, in feine Ringe geschnitten
Saft von 2 Limetten
1 TL fein abgeriebene Limettenschale
1 TL Chiliflocken
3 EL trockener Sherry
3 EL helle Sojasauce

1. Das Öl in einem großen Wok oder einer großen Pfanne auf mittlerer Stufe erwärmen. Lachs und Jakobsmuscheln hineingeben und 3 Minuten pfannenrühren. Herausnehmen und warm halten.

2. Karotten, Sellerie, Paprika, Pilze und Knoblauch im Wok 3 Minuten pfannenrühren. Koriander und Schalotten zufügen und alles gut verrühren.

3. Limettensaft und -schale, Chili, Sherry und Sojasauce zugeben und unterrühren. Lachs und Jakobsmuscheln zurück in den Wok geben und 1 weitere Minute vorsichtig pfannenrühren. Sofort servieren.

Marinierte Lachs-Muschel-Spieße mit Reissalat

FÜR 4 PERSONEN

500 g Lachsfilet ohne Haut, in Stücke geschnitten
8 ausgelöste Jakobsmuscheln
4-cm-Stück Ingwerwurzel
Saft von 1 Zitrone
1 EL Olivenöl
Salatblätter, zum Servieren

REISSALAT
200 g brauner Basmatireis
½ Salatgurke, gewürfelt
4 Frühlingszwiebeln, in Ringe geschnitten
½ Bund frisch gehackter Koriander
1 rote Paprika, gewürfelt
1 frische grüne Chili, entkernt und in feine Ringe geschnitten
Saft von 1 Limette
2 EL Sesamöl

1. Einen großen Topf mit leicht gesalzenem Wasser zum Kochen bringen und den Reis darin etwa 25 Minuten garen. Abgießen und abkühlen lassen. Den abgekühlten Reis in eine Schüssel geben. Gurke, Frühlingszwiebel, Koriander, rote Paprika, Chili, Limettensaft und Sesamöl zufügen und alles mischen. Abgedeckt beiseitestellen, damit sich die Aromen entfalten können.

2. Unterdessen Lachsstücke und Jakobsmuscheln in eine flache Schüssel geben. Den Ingwer in einer Knoblauchpresse oder mit einer Messerklinge zerdrücken, um den Saft herauszupressen. Ingwersaft, Zitronensaft und Olivenöl in einer kleinen Schale verquirlen und über den Fisch gießen. Lachs und Jakobsmuscheln gut in der Marinade wenden. Abgedeckt 30 Minuten im Kühlschrank marinieren. 8 Holzspieße 30 Minuten in kaltem Wasser einweichen, dann abgießen.

3. Den Backofengrill vorheizen. Lachs und Jakobsmuscheln abwechselnd auf die Spieße stecken. Unter dem Backofengrill 3–4 Minuten von jeder Seite grillen, bis sie gar sind.

4. Die Spieße heiß mit Reissalat und Salatblättern servieren.

Seeteufel aus dem Wok

FÜR 4 PERSONEN

2 TL Sesamöl

450 g Seeteufelsteaks, in 2,5 cm große Würfel geschnitten

1 Zwiebel, in feine Ringe geschnitten

3 Knoblauchzehen, fein gehackt

1 TL geriebener frischer Ingwer

250 g grüne Spargelspitzen

180 g Pilze, in feine Scheiben geschnitten

2 EL helle Sojasauce

1 EL Zitronensaft

1. Das Öl in einem vorgeheizten Wok oder einer großen Pfanne auf mittlerer Stufe erwärmen. Fisch, Zwiebel, Knoblauch, Ingwer, Spargel und Pilze zugeben und 2–3 Minuten pfannenrühren.

2. Sojasauce und Zitronensaft einrühren und 1 weitere Minute braten. Den Wok vom Herd nehmen, das Gericht in eine vorgewärmte Servierschüssel geben und sofort servieren.

Fisch mit Pinienkernen

FÜR 4–6 PERSONEN

450 g Weißfischfilet, in 2,5 cm große Würfel geschnitten

½ TL Salz

2 getrocknete chinesische Pilze, 20 Minuten in warmem Wasser eingeweicht

3 EL Pflanzen- oder Erdnussöl

2,5-cm-Stück Ingwerwurzel, fein gerieben

1 EL gehackte Frühlingszwiebel

1 rote Paprika, in 2,5 cm große Würfel geschnitten

1 grüne Paprika, in 2,5 cm große Würfel geschnitten

30 g Bambussprossen aus der Dose, abgespült, abgetropft und in kleine Würfel geschnitten

2 TL Shaoxing-Reiswein

2 EL geröstete Pinienkerne

frisch gekochter Reis, zum Servieren

1. Die Fischstücke mit dem Salz bestreuen und 20 Minuten ziehen lassen. Die Pilze gut ausdrücken, die harten Stiele entfernen und die Hüte in feine Streifen schneiden.

2. In einem vorgeheizten Wok oder einer großen Pfanne 2 Esslöffel Öl erhitzen und die Fischstücke darin 3 Minuten unter Rühren braten. Herausnehmen und beiseitestellen.

3. Den Wok mit Küchenpapier sauber auswischen, das restliche Öl zugießen und erhitzen. Den Ingwer darin schwenken, bis er zu duften beginnt. Frühlingszwiebel, Paprika, Bambussprossen, Pilze und Reiswein zugeben und alles 1–2 Minuten pfannenrühren.

4. Den Fisch zufügen und unter Rühren erhitzen. Mit den Pinienkernen bestreuen und sofort mit frisch gekochtem Reis servieren.

Wolfsbarsch süßsauer

FÜR 2 PERSONEN

60 g Pak Choi, geraspelt

40 g Bohnensprossen

40 g frische Shiitake-Pilze, in Scheiben geschnitten

40 g Austernpilze, in Stücke geschnitten

20 g Frühlingszwiebeln, in Ringe geschnitten

1 TL geriebener frischer Ingwer

1 EL fein gehacktes Zitronengras

2 Wolfsbarschfilets à 90 g, ohne Haut und Gräten

10 g Sesamsaat, geröstet

SÜSSSAURE SAUCE

90 ml Ananassaft

1 EL Zucker

1 EL Rotweinessig

2 Sternanise, zerstoßen

90 ml Tomatensaft

1 EL Speisestärke, mit etwas kaltem Wasser angerührt

1. Den Backofen auf 200 °C vorheizen. Aus Backpapier und Alufolie je zwei Quadrate mit einer Seitenlänge von 38 cm ausschneiden.

2. Für die Sauce Ananassaft, Zucker, Essig, Sternanise und Tomatensaft in einen Topf geben und 1–2 Minuten köcheln lassen. Die Sauce mit der angerührten Speisestärke unter ständigem Rühren andicken, dann durch ein feines Sieb zum Abkühlen in eine kleine Schüssel abseihen.

3. Pak Choi, Bohnensprossen, Pilze und Frühlingszwiebeln in einer anderen Schüssel mischen, dann Ingwer und Zitronengras hinzufügen. Alles gut vermengen.

4. Ein Backpapierquadrat auf ein Alufolienquadrat legen und zu einem Dreieck falten. Wieder öffnen und die Hälfte der Gemüsemischung in die Mitte geben, die Hälfte der süßsauren Sauce und schließlich 1 Wolfsbarschfilet darübergeben. Mit der Hälfte der Sesamsaat bestreuen. Das Dreieck wieder schließen, die Kanten sorgfältig zusammenfalten, damit ein dicht verschlossenes Paket entsteht. Das zweite Paket ebenso herstellen.

5. Die Pakete auf ein Backblech geben und 10 Minuten im Ofen backen, bis sie sich aufgebläht haben. Den Inhalt der Pakete auf je einen Teller geben und sofort servieren.

Frittierter Fisch mit Chilisauce

FÜR 4–6 PERSONEN

1 ganzer Süßwasserfisch, z. B. Regenbogenforelle oder Karpfen (etwa 400 g), ausgenommen

1 gehäufter EL Mehl

1 Prise Salz

100 ml Wasser

Pflanzen- oder Erdnussöl, zum Frittieren

SAUCE

100 ml Pflanzen- oder Erdnussöl

1 TL getrocknete Chiliflocken

1 Knoblauchzehe, fein gehackt

1 TL fein gehackter frischer Ingwer

1 EL Chili-Bohnen-Sauce

½ TL weißer Pfeffer

2 TL Zucker

1 EL weißer Reisessig

1 TL fein gehackte Frühlingszwiebel

1. Den Fisch außen und innen gut abspülen und trocken tupfen. Mehl, Salz und Wasser in eine Schüssel geben und zu einem dünnen Teig verrühren. Den Fisch hineingeben und damit überziehen.

2. Reichlich Öl in einem Wok, einem großen Topf oder einer Fritteuse auf 180 °C erhitzen (ein Brotwürfel bräunt darin in 30 Sekunden). Den Fisch von jeder Seite goldbraun und knusprig ausbacken. Abtropfen lassen und warm halten.

3. Für die Sauce das Öl, bis auf 1 Esslöffel, in einem kleinen Topf gut erhitzen und über die Chiliflocken gießen. Beiseitestellen.

4. Das restliche Öl in einem vorgeheizten Wok oder einer tiefen Pfanne erhitzen. Knoblauch und Ingwer darin schwenken, bis sie zu duften beginnen. Chili-Bohnen-Sauce und die Chili-Öl-Mischung unterrühren, dann alles mit Pfeffer, Zucker und Essig würzen. Den Herd ausschalten und die Frühlingszwiebeln unterrühren. Die Sauce über den Fisch gießen und das Gericht sofort servieren.

Gebratene Riesengarnelen in pikanter Sauce

FÜR 4 PERSONEN

3 EL Pflanzen- oder Erdnussöl
450 g rohe Riesengarnelen
2 TL fein gehackter frischer Ingwer
1 TL fein gehackter Knoblauch
1 EL gehackte Frühlingszwiebel
2 EL Chili-Bohnen-Sauce
1 TL Shaoxing-Reiswein
1 TL Zucker
½ TL helle Sojasauce
1–2 EL Hühnerbrühe

1. Das Öl in einem vorgeheizten Wok erhitzen und die Garnelen darin bei starker Hitze etwa 4 Minuten unter Rühren braten. Herausnehmen und beiseitestellen. Ingwer und Knoblauch in den Wok geben und unter Rühren anbraten, bis sie zu duften beginnen. Frühlingszwiebel und Chili-Bohnen-Sauce zufügen. Garnelen wieder zugeben und alles verrühren.

2. Die Hitze leicht reduzieren und Reiswein, Zucker, Sojasauce und Hühnerbrühe unterrühren. Abgedeckt 1 weitere Minute garen. Sofort servieren.

Garnelen mit Ingwer und Austernpilzen

FÜR 4 PERSONEN

4 EL Pflanzenöl
3 Karotten, in feine Scheiben geschnitten
350 g Austernpilze, in feine Scheiben geschnitten
1 große rote Paprika, in feine Streifen geschnitten
450 g große rohe Garnelen, ausgelöst, aber mit Schwanzenden
2 Knoblauchzehen, zerdrückt
frisch gekochter Reis, zum Servieren
frische Korianderblätter, zum Garnieren

SAUCE
150 ml Hühnerbrühe
2 TL Sesamsaat
3 TL geriebener frischer Ingwer
1 EL Sojasauce
¼ TL Tabasco
1 TL Speisestärke

1. Für die Sauce alle Zutaten in eine Schüssel geben und gut verrühren. Beiseitestellen.

2. Einen Wok oder eine große Pfanne vorheizen, 2 Esslöffel Öl hineingießen und erhitzen. Die Karotten zugeben und etwa 3 Minuten pfannenrühren. Aus dem Wok nehmen und beiseitestellen.

3. 1 weiteren Esslöffel Öl in den Wok geben und die Pilze darin 2 Minuten pfannenrühren. Aus dem Wok nehmen und beiseitestellen.

4. Das restliche Öl in den Wok geben und Paprika, Garnelen und Knoblauch zufügen. So lange pfannenrühren, bis die Garnelen rosa werden.

5. Die Sauce zugeben und aufkochen. Karotten und Pilze in den Wok geben und diesen bedecken. Das Gericht 2 Minuten durcherhitzen.

6. Mit Korianderblättern garnieren und mit frisch gekochtem Reis servieren.

Garnelen-Fu-Yung

FÜR 4–6 PERSONEN

1 EL Pflanzen- oder Erdnussöl
120 g rohe Garnelen, ausgelöst
4 Eier, leicht verquirlt
1 TL Salz
1 Prise weißer Pfeffer
2 EL fein gehackter chinesischer Schnittlauch

1. Das Öl in einen vorgeheizten Wok geben und erhitzen. Die Garnelen hineingeben und unter Rühren braten, bis sie sich rosa färben.

2. Die Eier mit Salz und Pfeffer würzen und über die Garnelen gießen. Unter Rühren 1 Minute braten, dann alles mit dem Schnittlauch bestreuen.

3. Weitere 2 Minuten pfannenrühren, bis das Rührei gar, aber noch cremig ist. Sofort servieren.

Beschwipste Garnelen

FÜR 4–6 PERSONEN

200 g rohe Garnelen, ausgelöst
100 ml Shaoxing-Reiswein
2 EL Weinbrand
½ TL Salz
1 EL fein gehackte Frühlingszwiebel
1 TL fein gehackter frischer Ingwer

1. Die Garnelen in einem großen Topf mit kochendem Wasser 30 Sekunden blanchieren. Abtropfen lassen und beiseitestellen.

2. Die restlichen Zutaten in eine Schüssel geben und verrühren. Die Garnelen zufügen und abgedeckt etwa 1 Stunde marinieren. Dann die Garnelen abgießen und kalt servieren.

Chillies mit Fisch-Ingwer-Füllung

FÜR 4–6 PERSONEN

250 g Weißfischfilet, sehr fein gehackt
1 kleines Ei, leicht verquirlt
je 4–6 milde, frische rote und grüne Chillies
Pflanzen- oder Erdnussöl, zum Frittieren
1 EL Pflanzen- oder Erdnussöl
2 Knoblauchzehen, fein gehackt
½–1 TL eingelegte schwarze Bohnen, abgespült, abgetropft und leicht zerdrückt
1 EL helle Sojasauce
1 Prise Zucker
1 EL Wasser

MARINADE
1 TL fein gehackter frischer Ingwer
1 Prise Salz
1 Prise weißer Pfeffer
½ TL Pflanzen- oder Erdnussöl

1. Für die Marinade alle Zutaten in eine Schüssel geben und verrühren. Den Fisch darin 20 Minuten marinieren. Dann das Ei zufügen und alles von Hand zu einer glatten Masse verarbeiten.

2. Die Chillies längs halbieren, entkernen und in mundgerechte Stücke schneiden. Die Chilistücke jeweils mit etwa ½ Teelöffel Fischpaste füllen.

3. Reichlich Öl in einem vorgeheizten Wok erhitzen und die Chillies darin rundum goldbraun frittieren. Abtropfen lassen und beiseitestellen.

4. Das Öl abgießen, den Wok mit Küchenpapier sauber auswischen und erhitzen. 1 Esslöffel Öl zugeben und den Knoblauch darin schwenken, bis er zu duften beginnt. Die Bohnen einrühren, dann Sojasauce und Zucker zufügen. Die Chilistücke in den Wok geben und das Wasser zugießen. Abgedeckt bei schwacher Hitze 5 Minuten köcheln lassen. Sofort servieren.

Krebsfleisch-Wantans

ERGIBT 24 STÜCK

175 g weißes Krebsfleisch aus der Dose, abgetropft und zerzupft

50 g Wasserkastanien aus der Dose, abgespült, abgetropft und gehackt

1 kleine, frische rote Chili, gehackt

1 Frühlingszwiebel, gehackt

1 EL Speisestärke

1 TL trockener Sherry

1 TL helle Sojasauce

½ EL Limettensaft

24 Wantan-Teigblätter

Pflanzenöl, zum Frittieren

Schnittlauchhalme, zum Garnieren

Limettenscheiben, zum Servieren

1. Für die Füllung Krebsfleisch, Wasserkastanien, Chili, Frühlingszwiebel, Speisestärke, Sherry, Sojasauce und Limettensaft in eine Schüssel geben und vermengen.

2. Die Teigblätter auf der Arbeitsfläche ausbreiten und je 1 Esslöffel von der Füllung in die Mitte jedes Teigblatts verteilen.

3. Die Ränder der Teigblätter mit etwas Wasser befeuchten und so falten, dass sie Dreiecke bilden. Die spitzen Enden zur Mitte hin einschlagen, mit etwas Wasser befeuchten und mit den Fingerspitzen leicht zusammendrücken, um sie zu verschließen.

4. Das Öl in einem Wok, einem großen Topf oder einer Fritteuse auf 180 °C erhitzen (ein Brotwürfel bräunt darin in 30 Sekunden). Die Wantans portionsweise 2–3 Minuten frittieren, bis sie goldbraun und knusprig sind. Herausheben und auf Küchenpapier abtropfen lassen.

5. Die Wantans mit Schnittlauchhalmen umwickelt garnieren und mit Limettenscheiben heiß servieren.

Jakobsmuscheln in Bohnensauce

FÜR 4 PERSONEN

2 EL Pflanzen- oder Erdnussöl
1 TL fein gehackter Knoblauch
1 TL fein gehackter frischer Ingwer
1 EL eingelegte schwarze Bohnen, abgespült und leicht zerdrückt
400 g ausgelöste Jakobsmuscheln
½ TL helle Sojasauce
1 TL Shaoxing-Reiswein
1 TL Zucker
3–4 frische rote Vogelaugen-Chillies, fein gehackt
1–2 TL Hühnerbrühe
1 EL fein gehackte Frühlingszwiebel

1. Das Öl in einem vorgeheizten Wok oder einer großen Pfanne erhitzen. Knoblauch und Ingwer darin etwa 1 Minute schwenken, bis sie zu duften beginnen. Die schwarzen Bohnen einrühren. Die Muscheln zugeben und 1 Minute pfannenrühren. Sojasauce, Reiswein, Zucker und Chillies unterrühren.

2. Die Hitze reduzieren und alles 2 Minuten köcheln lassen. Dann die Brühe zugießen. Die Frühlingszwiebel unterrühren und sofort servieren.

Gefüllte Tintenfische

FÜR 6–8 PERSONEN

400 g küchenfertige Babytintenfische

4 getrocknete chinesische Pilze, 20 Minuten in warmem Wasser eingeweicht

250 g Schweinehackfleisch

4 Wasserkastanien aus der Dose, fein gehackt

½ TL Sesamöl

1 TL Salz

½ TL weißer Pfeffer

Öl, zum Einfetten

DIP

4 EL dunkle Sojasauce

1 frische rote Vogelaugen-Chili, gehackt (nach Belieben)

1. Die Tentakel der Tintenfische abschneiden und die Tuben gut ausspülen. Die Pilze gut ausdrücken, die harten Stiele entfernen und die Hüte fein hacken.

2. Pilze, Hackfleisch, Wasserkastanien, Sesamöl, Salz und Pfeffer in eine Schüssel geben und sorgfältig vermengen.

3. Die Mischung in die Tintenfischtuben füllen. Gut andrücken, dabei genügend Platz lassen, um die Tuben mit einem Zahnstocher verschließen zu können.

4. Einen Bambus-Dämpfeinsatz mit Backpapier auslegen und dieses mit etwas Öl einpinseln. Den Boden eines Woks mit Wasser füllen und den Dämpfeinsatz knapp über dem Wasser platzieren. Das Wasser bei mittlerer bis hoher Temperatur zum Kochen bringen. Die gefüllten Tintenfische in den Dämpfeinsatz legen, den Bambusdeckel aufsetzen und 15 Minuten dämpfen.

5. Die fertig gegarten Tintenfische mit einem Schaumlöffel aus dem Dämpfeinsatz heben und auf eine Servierplatte legen. Dazu Sojasauce, nach Belieben mit Chilistückchen verrührt, zum Dippen reichen.

Tintenfisch mit Bohnensauce

FÜR 4 PERSONEN

750 g küchenfertiger Tintenfisch, Tentakel entfernt
1 große rote Paprika
120 g Zuckererbsen
1 Pak Choi
1½ EL Maiskeimöl
1 kleine, frische rote Vogelaugen-Chili, gehackt
1 Knoblauchzehe, fein gehackt
1 TL geriebener frischer Ingwer
2 Frühlingszwiebeln, gehackt

SAUCE
3 EL Schwarze-Bohnen-Sauce
1 EL thailändische Fischsauce
1 EL Shaoxing-Reiswein oder trockener Sherry
1 EL dunkle Sojasauce
1 TL brauner Zucker
1 TL Speisestärke
1 EL Wasser

1. Die Tintenfischtuben vierteln und mit der Spitze eines scharfen Messers kreuzweise einritzen, aber nicht durchschneiden. Mit Küchenpapier trocken tupfen.

2. Die Paprika putzen und in dünne Streifen schneiden. Die Zuckererbsen diagonal halbieren und den Pak Choi grob hacken.

3. Für die Sauce Bohnensauce, Fischsauce, Reiswein, Sojasauce und Zucker in eine Schüssel geben und mischen. Die Speisestärke mit dem Wasser glatt rühren und untermischen.

4. Das Öl in einen vorgeheizten Wok oder eine große Pfanne gießen und erhitzen. Chili, Knoblauch, Ingwer und Frühlingszwiebeln zugeben und 1 Minute anbraten. Die Paprika zugeben und 2 Minuten mitbraten.

5. Den Tintenfisch zufügen und bei starker Hitze 1 Minute braten. Zuckererbsen und Pak Choi zugeben und 1 weitere Minute bissfest garen.

6. Die Sauce zugießen und unter Rühren 2 Minuten kochen, bis sie eindickt und klar wird. Das Gericht sofort servieren.

Tintenfisch süßscharf

FÜR 4 PERSONEN

2 EL Sesamöl, plus ½ EL zum Beträufeln
280 g küchenfertiger Tintenfisch, in feine Streifen geschnitten
2 rote Paprika, in feine Streifen geschnitten
3 Schalotten, in feine Ringe geschnitten
80 g Champignons, in feine Scheiben geschnitten
1 EL trockener Sherry
4 EL helle Sojasauce
1 TL Zucker
1 TL scharfe Chiliflocken (oder nach Belieben)
1 Knoblauchzehe, zerdrückt
1 EL Sesamsaat, geröstet
frisch gekochter Reis, zum Servieren

1. In einem vorgeheizten Wok oder einer großen Pfanne 1 Esslöffel Öl erhitzen. Den Tintenfisch zugeben und 2 Minuten anbraten. Herausnehmen und beiseitestellen.

2. Das restliche Öl im Wok erhitzen, Paprika und Schalotten zufügen und bei mittlerer Hitze etwa 1 Minute anbraten. Die Pilze zugeben und weitere 2 Minuten pfannenrühren.

3. Tintenfisch, Sherry, Sojasauce, Zucker, Chili und Knoblauch in den Wok geben und 2 Minuten pfannenrühren.

4. Mit dem gerösteten Sesam bestreuen, mit dem Sesamöl beträufeln und auf frisch gekochtem Reis servieren.

Frische Krebse mit Ingwer

FÜR 4 PERSONEN

- 3 EL Pflanzen- oder Erdnussöl
- 2 große frische Krebse, gesäubert, in Stücke zerteilt und die Scheren aufgebrochen
- 2,5-cm-Stück Ingwerwurzel, in sehr feine Stifte geschnitten
- 100 g Frühlingszwiebeln, in 5 cm lange Stücke geschnitten
- 2 EL helle Sojasauce
- 1 TL Zucker
- 1 Prise weißer Pfeffer

1. In einem vorgeheizten Wok oder einer großen Pfanne 2 Esslöffel Öl erhitzen und die Krebse darin 3–4 Minuten bei starker Hitze anbraten. Herausnehmen und beiseitestellen.

2. Den Wok mit Küchenpapier sauber auswischen. Das restliche Öl darin erhitzen und den Ingwer darin schwenken, bis er zu duften beginnt. Die Frühlingszwiebeln unterrühren. Die Krebsteile zugeben und einrühren. Sojasauce, Zucker und Pfeffer zufügen und alles vermengen. Abgedeckt 1 Minute köcheln lassen. Sofort servieren.

Venusmuscheln in Bohnensauce

FÜR 4 PERSONEN

900 g frische kleine Venusmuscheln

1 EL Pflanzen- oder Erdnussöl

1 TL fein gehackter frischer Ingwer

1 TL fein gehackter Knoblauch

1 EL eingelegte schwarze Bohnen, abgespült, abgetropft und grob gehackt

2 TL Shaoxing-Reiswein

1 EL fein gehackte Frühlingszwiebel

1 TL Salz (oder nach Belieben)

1. Alle Muscheln mit beschädigten Schalen und solche, die sich beim Gegenklopfen mit einer Messerklinge nicht schließen, aussortieren. Die Muscheln gründlich waschen und abbürsten. Bis zur weiteren Verwendung in sauberes Wasser legen.

2. Das Öl in einem vorgeheizten Wok oder einer großen Pfanne erhitzen. Ingwer und Knoblauch darin schwenken, bis sie zu duften beginnen. Die schwarzen Bohnen zugeben und 1 Minute unter Rühren braten.

3. Muscheln abgießen und abtropfen lassen. Danach Muscheln und Reiswein in den Wok geben und alles bei starker Hitze 2 Minuten pfannenrühren. Abgedeckt etwa 3 Minuten garen. Frühlingszwiebel und Salz untermischen. Sofort servieren.

Gemüse

Aufgrund der riesigen Ausmaße des Landes und der unterschiedlichen klimatischen Bedingungen hat China eine enorme Vielfalt an Gemüsesorten zu bieten, die auf sehr kreative Weise verarbeitet werden. Chinesische Köche verwenden immer nur das frischeste und hochwertigste Gemüse.

Gemüse ist ein wichtiger Bestandteil der chinesischen Küche und wird in größeren Mengen verzehrt als Fleisch. In der Regel werden Fleischgerichte immer mit Gemüse kombiniert, und auch in klaren Suppen finden sich stets ein paar farbenfrohe Gemüsestreifen. Gemüse wird meist pfannengerührt, also bei hoher Hitze für kurze Zeit in einem Wok hin und her bewegt. Dadurch bleiben nicht nur Aroma, Farbe und Konsistenz, sondern auch die Vitamine erhalten.

Salate, so wie wir sie kennen, sind – abgesehen von Kanton, wo die üchenchefs sich gern einmal von ausländischen Einflüssen inspirieren assen – eher unüblich. Manche nur kurz gegarte Gemüsegerichte, ie abgekühlt in einem Dressing gewendet werden, kann man aber urchaus zu den Salaten zählen.

Der aus Sojabohnen hergestellte Tofu kommt in ganz China oft uf den Tisch, besonders beliebt ist er allerdings in den nördlichen andesteilen, wo Sojabohnen zu den Grundnahrungsmitteln gehö-en. In Regionen, in denen Weizen die Hauptnahrungsquelle ist, ird Gemüse gern mit Nudeln kombiniert. Süßsaures Gemüse auf ludelpfannkuchen oder Chengdu-Nudeln in Sesamsauce sind agegen köstlich würzige Gerichte aus Sichuan.

Süßscharfe Suppe mit Tofu

FÜR 4 PERSONEN

3 Limettenschalenstreifen
2 Knoblauchzehen, geschält
2 Scheiben Ingwerwurzel
1 l Hühnerbrühe
1 EL Pflanzenöl
180 g schnittfester Tofu, gewürfelt
200 g dünne asiatische Eiernudeln
100 g frische Shiitake-Pilze, in Scheiben geschnitten
1 frische rote Chili, entkernt und in Ringe geschnitten
4 Frühlingszwiebeln, in Ringe geschnitten
1 TL helle Sojasauce
Saft von 1 Limette
1 TL Shaoxing-Reiswein
1 TL Sesamöl
frisch gehackter Koriander, zum Garnieren

1. Limettenschale, Knoblauch, Ingwer und Brühe in einem großen Topf zum Kochen bringen. Die Hitze reduzieren und 5 Minuten köcheln lassen. Limettenschale, Knoblauch und Ingwer mit einem Schaumlöffel herausheben und wegwerfen.

2. Unterdessen das Pflanzenöl in einer großen Pfanne stark erhitzen und den Tofu darin unter häufigem Wenden goldbraun braten. Aus der Pfanne heben und auf Küchenpapier abtropfen lassen.

3. Nudeln, Pilze und Chili in den Topf mit der Brühe geben und 3 Minuten köcheln.

4. Dann Tofu, Frühlingszwiebeln, Sojasauce, Limettensaft, Reiswein und Sesamöl hinzufügen und alles kurz erhitzen.

5. Die Suppe auf 4 vorgewärmte Suppenschalen verteilen, mit Koriander bestreuen und sofort servieren.

Ingwer-Pilz-Suppe

FÜR 4 PERSONEN

20 g getrocknete chinesische Pilze
1 l heiße Gemüsebrühe
120 g asiatische Eiernudeln
2 TL Sonnenblumenöl
3 Knoblauchzehen, zerdrückt
2,5-cm-Stück Ingwerwurzel, fein geraspelt
½ TL Austernsauce
1 TL helle Sojasauce
120 g Bohnensprossen
frische Korianderblätter, zum Garnieren

1. Die getrockneten Pilze mindestens 30 Minuten in 300 ml der heißen Brühe einweichen. Die Pilze abgießen, die Brühe dabei auffangen. Die harten Stiele der Pilze entfernen und die Hüte in Streifen schneiden. Beiseitelegen.

2. Die Nudeln gemäß Packungsanleitung garen. Abgießen, unter fließend kaltem Wasser abschrecken und gut abtropfen. Dann beiseitestellen.

3. Das Öl in einem vorgeheizten Wok oder einer großen Pfanne bei hoher Temperatur erhitzen. Knoblauch und Ingwer hineingeben, umrühren, dann die Pilze hinzufügen. Bei hoher Hitze 2 Minuten pfannenrühren.

4. Die restliche und aufgefangene Hühnerbrühe hinzufügen und alles zum Kochen bringen. Austern- und Sojasauce unterrühren. Dann die Bohnensprossen zugeben und kurz durcherhitzen.

5. Die Nudeln auf Suppenschalen verteilen und die Suppe darübergießen. Mit Korianderblättern bestreuen und sofort servieren.

Pfannengerührtes Gemüse

FÜR 4 PERSONEN

3 EL Sesamöl

6 Frühlingszwiebeln, fein gehackt, plus 2 fein gehackte Frühlingszwiebeln, zum Servieren

1 Knoblauchzehe, zerdrückt

1 EL geriebener frischer Ingwer

1 Brokkoli, in Röschen zerteilt

1 orangefarbene oder gelbe Paprika, in Stücke geschnitten

120 g Rotkohl, gehobelt

120 g Babymaiskolben

180 g große braune Champignons, in feine Scheiben geschnitten

200 g Bohnensprossen

250 g Wasserkastanien aus der Dose, abgetropft

4 TL Sojasauce (oder nach Belieben)

1. In einem vorgeheizten Wok oder einer großen Pfanne 2 Esslöffel Öl bei hoher Temperatur erhitzen. Frühlingszwiebeln, Knoblauch und Ingwer zugeben und 30 Sekunden anbraten.

2. Brokkoliröschen, Paprika und Rotkohl zufügen und 2 Minuten pfannenrühren. Maiskolben und Pilze zugeben und weitere 2 Minuten pfannenrühren.

3. Bohnensprossen und Wasserkastanien zufügen und alles weitere 2 Minuten garen. Die Sojasauce zugießen und gut verrühren.

4. Mit den restlichen Frühlingszwiebeln bestreuen und sofort servieren.

Bambussprossen mit Tofu

FÜR 4–6 PERSONEN

3 getrocknete chinesische Pilze, 20 Minuten in warmem Wasser eingeweicht

60 g Baby-Pak-Choi

Pflanzen- oder Erdnussöl, zum Frittieren

1 EL Pflanzen- oder Erdnussöl

450 g schnittfester Tofu, in 2,5 cm große Würfel geschnitten

60 g Bambussprossen aus der Dose, abgespült, abgetropft und in feine Streifen geschnitten

1 TL Austernsauce

1 TL helle Sojasauce

1. Die Pilze gut ausdrücken, die harten Stiele entfernen und die Hüte in feine Streifen schneiden. Den Pak Choi in einem großen Topf mit kochendem Wasser 30 Sekunden blanchieren. Herausnehmen, abtropfen lassen und beiseitestellen.

2. Reichlich Öl in einem Wok, einem großen Topf oder in einer Fritteuse auf 180 °C erhitzen (ein Brotwürfel bräunt darin in 30 Sekunden). Die Tofuwürfel zugeben, goldbraun frittieren, abtropfen lassen und beiseitestellen.

3. Den Wok mit Küchenpapier sauber auswischen und 1 Esslöffel Öl darin erhitzen. Pilze und Pak Choi unter Rühren darin anbraten. Tofu und Bambussprossen mit Austern- und Sojasauce zufügen. Unter Rühren gut erhitzen. Sofort servieren.

Würziger Tofu

FÜR 4 PERSONEN

250 g schnittfester Tofu, in 1 cm große Würfel geschnitten
4 EL Erdnussöl
1 EL geriebener frischer Ingwer
3 Knoblauchzehen, zerdrückt
4 Frühlingszwiebeln, in feine Ringe geschnitten
1 Brokkoli, in Röschen zerteilt
1 Karotte, in Stifte geschnitten
1 gelbe Paprika, in feine Streifen geschnitten
250 g frische Shiitake-Pilze, in feine Scheiben geschnitten
frisch gekochter Reis, zum Servieren

MARINADE
75 ml Gemüsebrühe
2 TL Speisestärke
2 EL helle Sojasauce
1 EL Zucker
1 Prise Chiliflocken

1. Für die Marinade alle Zutaten in eine große Schüssel geben und mischen. Den Tofu gründlich darin wenden und 20 Minuten marinieren.

2. In einem vorgeheizten Wok oder einer großen Pfanne 2 Esslöffel Erdnussöl erhitzen und den Tofu mit der Marinade darin goldbraun und knusprig braten. Aus dem Wok nehmen und beiseitestellen.

3. Das restliche Erdnussöl im Wok erhitzen. Ingwer, Knoblauch und Frühlingszwiebeln 30 Sekunden pfannenrühren. Brokkoli, Karotte, Paprika und Pilze in den Wok geben und 5–6 Minuten garen. Den Tofu zufügen und unter Rühren erhitzen. Das Gericht mit frisch gekochtem Reis servieren.

Gemüse mit frittiertem Basilikum

FÜR 4 PERSONEN

2 EL Pflanzen- oder Erdnussöl
2 Knoblauchzehen, gehackt
1 Zwiebel, in Ringe geschnitten
120 g Babymaiskolben, diagonal halbiert
½ Gurke, geschält, halbiert, entkernt und in Scheiben geschnitten
250 g Wasserkastanien aus der Dose, abgespült und abgetropft
60 g Zuckererbsen
120 g frische Shiitake-Pilze, halbiert
1 rote Paprika, in feine Streifen geschnitten
1 EL brauner Zucker
2 EL helle Sojasauce
1 EL Fischsauce
1 EL weißer Reisessig
frisch gekochter Reis, zum Servieren

FRITTIERTES BASILIKUM

Pflanzen- oder Erdnussöl, zum Frittieren
8–12 frische Thai-Basilikumzweige

1. Das Öl in einem vorgeheizten Wok oder einer großen Pfanne erhitzen. Knoblauch und Zwiebel darin unter Rühren 1–2 Minuten anbraten. Mais, Gurke, Wasserkastanien, Zuckererbsen, Pilze und Paprika zugeben und das Gemüse 2–3 Minuten unter Rühren gerade weich dünsten.

2. Zucker, Sojasauce, Fischsauce und Essig zugeben und unter Rühren aufkochen. 1–2 Minuten köcheln lassen.

3. Für das frittierte Basilikum reichlich Öl in einem anderen Wok erhitzen. Die Basilikumzweige ins heiße Öl geben und 20–30 Sekunden knusprig frittieren. Mit einem Schaumlöffel herausnehmen und auf Küchenpapier abtropfen lassen.

4. Das Wok-Gemüse mit dem knusprigen Basilikum garnieren und mit dem gekochten Reis servieren.

Austernpilze mit Gemüse in Erdnuss-Chili-Sauce

FÜR 4 PERSONEN

1 EL Pflanzen- oder Erdnussöl
4 Frühlingszwiebeln, in feine Ringe geschnitten
1 Karotte, in feine Stifte geschnitten
1 Zucchini, in feine Stifte geschnitten
½ Brokkoli, in Röschen zerteilt
450 g Austernpilze, in Scheiben geschnitten
2 EL grobe Erdnusscreme
1 TL Chilipulver (oder nach Belieben)
3 EL Wasser
Limettenspalten, zum Garnieren
frisch gekochter Reis, zum Servieren

1. Das Öl in einem vorgeheizten Wok oder einer großen Pfanne stark erhitzen. Die Frühlingszwiebeln darin 1 Minute pfannenrühren. Karotte und Zucchini zufügen und 1 weitere Minute pfannenrühren. Den Brokkoli zugeben und 1 weitere Minute braten.

2. Die Pilze einrühren und so lange garen, bis sie weich sind und die Hälfte des Pilzsuds eingekocht ist. Die Erdnusscreme unterrühren und alles mit Chilipulver abschmecken. Das Wasser zugeben und 1 weitere Minute garen.

3. Mit Limettenspalten garnieren und mit frisch gekochtem Reis servieren.

Gebratener Brokkoli mit Zuckererbsen

FÜR 4 PERSONEN

2 EL Pflanzen- oder Erdnussöl
1 Spritzer Sesamöl
1 Knoblauchzehe, fein gehackt
250 g Brokkoli, in kleine Röschen zerteilt
120 g Zuckererbsen
250 g Chinakohl, in 1 cm breite Streifen geschnitten
5–6 Frühlingszwiebeln, fein gehackt
½ TL Salz
2 EL helle Sojasauce
1 EL Shaoxing-Reiswein
1 TL leicht geröstete Sesamsaat

1. Beide Ölsorten in einem vorgeheizten Wok oder einer großen Pfanne erhitzen und den Knoblauch darin unter schnellem Rühren anbraten. Das Gemüse mit dem Salz in den Wok geben und bei starker Hitze etwa 3 Minuten pfannenrühren.

2. Sojasauce und Reiswein zugießen und alles 2 Minuten garen. Mit Sesam bestreuen und sofort servieren.

Choi Sum mit Austernsauce

FÜR 4–6 PERSONEN

300 g Choi Sum (chinesischer Blattkohl), alternativ Pak Choi

1 EL Pflanzen- oder Erdnussöl

1 TL fein gehackter Knoblauch

1 EL Austernsauce

1. Den Kohl in einem großen Topf mit kochendem Wasser 30 Sekunden blanchieren. Herausnehmen und abtropfen lassen.

2. Das Öl in einem vorgeheizten Wok oder einer tiefen Pfanne erhitzen und den Knoblauch darin anbraten, bis er zu duften beginnt. Den Choi Sum zugeben und 1 Minute pfannenrühren. Mit der Austernsauce würzen und sofort servieren.

Auberginen mit roter Paprika

FÜR 4 PERSONEN

3 EL Pflanzen- oder Erdnussöl
1 Knoblauchzehe, fein gehackt
3 Auberginen, längs halbiert und diagonal in 2,5 cm breite Stücke geschnitten
1 TL weißer Reisessig
1 rote Paprika, in feine Streifen geschnitten
2 EL helle Sojasauce
1 TL Zucker
1 EL fein gehackte Korianderblätter, zum Garnieren

1. Das Öl im vorgeheizten Wok oder einer tiefen Pfanne stark erhitzen und den Knoblauch darin schwenken, bis er zu duften beginnt. Die Auberginen zugeben und 30 Sekunden pfannenrühren. Mit dem Essig ablöschen. Die Hitze reduzieren und alles abgedeckt 5 Minuten unter gelegentlichem Rühren dünsten.

2. Wenn die Auberginenstücke weich sind, die Paprikastreifen zugeben. Sojasauce und Zucker unterrühren und ohne Deckel weitere 2 Minuten garen.

3. Den Wok vom Herd nehmen und das Gemüse 2 Minuten ruhen lassen. Dann auf einen Servierteller geben und mit dem Koriander garnieren. Sofort servieren.

Gefüllte Auberginen in scharfer Sauce

FÜR 5–6 PERSONEN

2 große Auberginen, geschält und in 4 cm dicke Scheiben geschnitten

Pflanzen- oder Erdnussöl, zum Frittieren

TEIG

100 g Besan (Kichererbsenmehl)

60 g Mehl

1 Prise Salz

1 Ei, verquirlt

300 ml sehr kaltes Wasser

SAUCE

5-cm-Stück Ingwerwurzel

2 große Knoblauchzehen

2 EL Pflanzen- oder Erdnussöl

3 EL Chili-Bohnen-Sauce

1 TL weißer Reisessig

2 TL Zucker

150 ml Hühnerbrühe

FÜLLUNG

100 g Schweinehackfleisch

½ TL sehr fein gehackte Frühlingszwiebeln

½ TL sehr fein gehackter frischer Ingwer

1 Spritzer Shaoxing-Reiswein

1 Prise weißer Pfeffer

1 Prise Salz

1. Für den Teig beide Mehlsorten und das Salz in eine große Schüssel sieben. Das Ei unterrühren, dann nach und nach das Wasser einarbeiten. Mindestens 5 Minuten zu einem glatten dicken Teig verrühren. Im Kühlschrank ruhen lassen.

2. Für die Sauce Ingwer und Knoblauch mit einer Muskatreibe reiben. Die Fasern von der Reibe entfernen und nur den Saft auffangen.

3. Für die Füllung alle Zutaten in eine Schüssel geben, vermengen und 20 Minuten ruhen lassen.

4. In jede Auberginenscheibe horizontal eine Tasche schneiden (nicht durchschneiden!) und ½ Teelöffel Füllung hineingeben. Überschüssige Füllung mit einem Messer entfernen.

5. Die Schüssel mit dem Teig aus dem Kühlschrank nehmen. Reichlich Öl in einem Wok, einem großen Topf oder einer Fritteuse auf 180 °C erhitzen (ein Brotwürfel bräunt darin in 30 Sekunden). Die Auberginenscheiben in den Teig tauchen und dann in das heiße Fett gleiten lassen. Etwa 10 Minuten goldbraun ausbacken. Abtropfen lassen und in einer Servierschale oder auf einer Platte anrichten.

6. Für die Sauce das Öl in einem vorgeheizten Wok oder einer tiefen Pfanne erhitzen und die Chili-Bohnen-Sauce darin 1 Minute pfannenrühren. Die Hitze reduzieren, Ingwer- und Knoblauchsaft zugeben und 1 Minute unter Rühren garen. Essig und Zucker zufügen und 2 Minuten weitergaren. Die Brühe zugießen und alles 2 Minuten köcheln lassen. Über die Auberginen gießen. Sofort servieren.

Süßsaures Gemüse auf Nudelpfannkuchen

FÜR 4 PERSONEN

120 g feine asiatische Reisnudeln

900 g gemischtes Gemüse, z. B. Karotten, Babymaiskolben, Blumenkohl, Brokkoli, Zuckererbsen, Zwiebeln, Paprika

6 Eier

4 Frühlingszwiebeln, diagonal in Ringe geschnitten

Salz und Pfeffer

2½ EL Erdnuss- oder Sonnenblumenöl

100 g Bambussprossen aus der Dose, abgespült und abgetropft

200 ml süßsaure Sauce

1. Die Nudeln nach Packungsanleitung garen. Abgießen und mit einer Schere in 7,5 cm lange Stücke schneiden. Beiseitestellen.

2. Inzwischen das Gemüse putzen und in gleich große Stücke schneiden.

3. Die Eier in eine große Schüssel geben und verquirlen, dann Nudeln und Frühlingszwiebeln einrühren und mit Salz und Pfeffer würzen. Eine Pfanne mit 20 cm Durchmesser stark vorheizen. 1 Esslöffel Öl zugeben und durch Schwenken verteilen. Ein Viertel der Nudelmischung zufügen und ebenfalls durch Schwenken verteilen. Auf mittlerer Hitze den dünnen Pfannkuchen 1 Minute stocken lassen. Wenden, bei Bedarf noch etwas Öl zugeben und die andere Seite braten. Im Backofen warm halten und drei weitere Pfannkuchen braten.

4. Einen Wok oder eine große Pfanne stark vorheizen, das restliche Öl zugeben und stark erhitzen. Zuerst das festeste Gemüse, z. B. Karotten, zugeben und 30 Sekunden unter Rühren braten. Nach und nach die anderen Gemüsesorten, zuletzt die Bambussprossen zugeben. Die Sauce einrühren und alles köcheln lassen, bis das Gemüse bissfest ist. Die Gemüsemischung auf jedem Pfannkuchen anrichten und servieren.

Süßsaures Gemüse mit Cashewkernen

FÜR 4 PERSONEN

1 EL Pflanzen- oder Erdnussöl
1 TL Chiliöl
2 Zwiebeln, in Ringe geschnitten
2 Karotten, in feine Scheiben geschnitten
2 Zucchini, in feine Scheiben geschnitten
120 g Brokkoli, in Röschen zerteilt
120 g Champignons, in Scheiben geschnitten
120 g kleine Pak Choi, halbiert
2 EL brauner Zucker
2 EL helle Sojasauce
1 EL weißer Reisessig
60 g Cashewkerne

1. Beide Ölsorten in einem Wok oder einer großen Pfanne erhitzen. Die Zwiebeln darin unter Rühren 1–2 Minuten leicht andünsten.

2. Karotten, Zucchini und Brokkoli zugeben und 2–3 Minuten unter Rühren anbraten. Champignons, Pak Choi, Zucker, Sojasauce und Reisessig untermengen und unter Rühren weitere 1–2 Minuten mitgaren.

3. Inzwischen die Cashewkerne in der Pfanne oder im Backofen ohne Fett anrösten. Das süßsaure Gemüse mit den Cashewkernen bestreuen und sofort servieren.

Feuertopf mit Pilzen und Tofu

FÜR 4 PERSONEN

60 g getrocknete chinesische Pilze, 20 Minuten in warmem Wasser eingeweicht
120 g schnittfester Tofu, in Würfel geschnitten
2 EL süße Chilisauce
2 EL Pflanzen- oder Erdnussöl
2 große Knoblauchzehen, gehackt
1-cm-Stück Ingwerwurzel, fein gehackt
1 rote Zwiebel, in Ringe geschnitten
½ EL Sichuan-Pfefferkörner, leicht zerstoßen
60 g Strohpilze aus der Dose, abgespült und abgetropft
Wasser oder Gemüsebrühe (nach Bedarf)
1 Sternanis
1 Prise Zucker
Sojasauce, zum Abschmecken
120 g feine asiatische Reisnudeln

1. Die Pilze durch ein mit Mousselin ausgelegtes Sieb abgießen und dabei die Einweichflüssigkeit auffangen. Tofu und Chilisauce in eine Schüssel geben, vermengen und zum Marinieren beiseitestellen.

2. Das Öl in einem Wok oder einer großen Pfanne erhitzen. Knoblauch und Ingwer darin 30 Sekunden anbraten. Zwiebel und Pfefferkörner zufügen und unter Rühren andünsten, bis die Zwiebel weich wird. Marinierter Tofu, eingeweichte Pilze und Strohpilze zugeben und vorsichtig vermengen, damit der Tofu nicht zerfällt.

3. Die Einweichflüssigkeit der Pilze in den Topf geben, bei Bedarf Wasser oder etwas Brühe zufügen, um alle Zutaten zu bedecken. Sternanis, Zucker und einige Spritzer Sojasauce einrühren. Aufkochen, dann die Temperatur reduzieren und das Gericht abgedeckt 5 Minuten köcheln lassen. Die Nudeln zugeben und abgedeckt weitere 5 Minuten köcheln lassen, bis sie gar sind. Alle Zutaten mit einer Gabel oder einem Holzlöffel verrühren. Sofort servieren.

Gedünstete Strohpilze

FÜR 4 PERSONEN

1 EL Pflanzen- oder Erdnussöl
1 TL fein gehackter Knoblauch
180 g Strohpilze, gewaschen
2 TL eingelegte schwarze Bohnen, abgespült, abgetropft und leicht zerdrückt
1 TL Zucker
1 EL helle Sojasauce
1 TL dunkle Sojasauce

1. Das Öl in einem kleinen Topf erhitzen. Den Knoblauch darin andünsten, bis er zu duften beginnt. Die Pilze zugeben und durch behutsames Wenden mit dem Öl überziehen.

2. Bohnen, Zucker und Sojasaucen zufügen. Abgedeckt bei reduzierter Hitze 10 Minuten köcheln lassen, bis die Pilze weich sind.

Gemüse-Kokosnuss-Curry

FÜR 4 PERSONEN

1 Zwiebel, grob gehackt

3 Knoblauchzehen, in feine Scheiben geschnitten

2,5-cm-Stück Ingwerwurzel, in feine Scheiben geschnitten

2 frische grüne Chillies, entkernt und fein gehackt

1 EL Pflanzenöl

1 TL gemahlene Kurkuma

1 TL gemahlener Koriander

1 TL gemahlener Kreuzkümmel

1 kg gemischtes Gemüse, z. B. Blumenkohl, Zucchini, Kartoffeln, Karotten und grüne Bohnen, in Stücke geschnitten

200 ml Kokosmilch

Salz und Pfeffer

2 EL frisch gehackter Koriander, zum Garnieren

frisch gekochter Reis, zum Servieren

1. Zwiebel, Knoblauch, Ingwer und Chillies im Mixer oder in der Küchenmaschine zu einer groben Paste verarbeiten.

2. Das Öl bei mittlerer Temperatur in einer großen Pfanne erhitzen, die Paste hineingeben und ein paar Minuten unter Rühren anbraten.

3. Kurkuma, Koriander und Kreuzkümmel zufügen und 3–4 Minuten anbraten. Das Gemüse zugeben und gut mit der Würzpaste verrühren.

4. Die Kokosmilch zugießen, die Pfanne abdecken, die Hitze reduzieren und das Gemüse etwa 30 Minuten köcheln lassen, bis es gar ist.

5. Mit Salz und Pfeffer abschmecken, mit dem gehackten Koriander garnieren und mit frisch gekochtem Reis servieren.

Fu Yung

FÜR 4–6 PERSONEN

2 Eier
½ TL Salz
1 Prise weißer Pfeffer
1 TL zerlassene Butter
2 EL Pflanzen- oder Erdnussöl
1 TL fein gehackter Knoblauch
1 kleine Zwiebel, in feine Ringe geschnitten
1 grüne Paprika, in feine Streifen geschnitten
450 g gekochter Reis, gekühlt
1 EL helle Sojasauce
1 EL fein gehackte Frühlingszwiebel
150 g Bohnensprossen
2 Tropfen Sesamöl

1. Die Eier in eine Schüssel geben und mit Salz und Pfeffer verquirlen. Die Butter in einer Pfanne erhitzen, die Eier hineingießen und zu einem Omelett braten. Aus der Pfanne nehmen und in Streifen schneiden.

2. Das Öl im vorgeheizten Wok oder in einer tiefen Pfanne erhitzen und den Knoblauch darin schwenken, bis er zu duften beginnt. Die Zwiebel zugeben und 1 Minute pfannenrühren. Die Paprika zufügen und 1 weitere Minute mitbraten. Den Reis unterheben, dabei die Reiskörner auflockern. Dann die Sojasauce unterrühren und alles 1 Minute garen.

3. Frühlingszwiebel und Omelettstreifen, dann Bohnensprossen und Sesamöl unterheben. 1 Minute unter Rühren erhitzen. Sofort servieren.

Chengdu-Nudeln in Sesamsauce

FÜR 4–6 PERSONEN

400 g dünne asiatische Weizennudeln
150 g Bohnensprossen
1 EL sehr fein gehackte Frühlingszwiebel
2 EL Sesamsaat

SAUCE
1 EL Zucker
1 EL Sesamöl
60 g Sesampaste
1 EL Chiliöl
2 TL dunkle Sojasauce
1 EL schwarzer Reisessig

1. Die Nudeln nach Packungsanleitung kochen. Unter fließend kaltem Wasser abschrecken und beiseitestellen. Die Bohnensprossen in einem großen Topf mit kochendem Wasser 30 Sekunden blanchieren. Abtropfen lassen und ebenfalls beiseitestellen.

2. Alle Zutaten für die Sauce in eine Schüssel geben und glatt rühren.

3. Nudeln und Bohnensprossen zufügen und gut mit der Sauce vermengen. Mit Frühlingszwiebeln und Sesam bestreuen und servieren.

Beilagen und Desserts

Zu einem chinesischen Menü gehört in der Regel auch eine Auswahl verschiedener kleiner Snacks, ähnlich unseren Horsd'œuvres. Oft sind es kleine, knusprige Teigtaschen – Frühlingsrollen oder frittierte Wantans beispielsweise, die mit einem einfachen Dip aus Sojasauce, Reiswein und fein gehackten Frühlingszwiebeln serviert werden. Garnelentoasts und Hähnchenflügel mit Sojasauce sind ebenfalls beliebt. Auch vegetarische Snacks wie Gebratene Bohnensprossen gehören zu einer typisch chinesischen Mahlzeit.

Die häufigste Beilage vieler chinesischer Speisen ist zweifellos Gedämpfter Reis. Er ist mit seiner körnigen Konsistenz eine ideale Ergänzung zu den Speisen und mildert die starken Aromen der gut gewürzten Fleisch- und Fischgerichte ab. Sowohl zu Hause als auch

n Restaurants äußerst beliebt ist überdies Gebratener Reis mit Ei – eine tolle Art der Resteverwertung, bei der Übriggebliebenes mit Zugabe von etwas Fleisch, Fisch oder Gemüse im Handumdrehen in eine sättigende Köstlichkeit verwandelt wird.

Desserts sind in China eher unüblich, doch auf so manchem Festmahl oder formellem Essen werden unter die vielen herzhaften Gerichte auch ein paar süße Speisen gemischt. Zuweilen werden auch frische Früchte – für sich allein oder als Bestandteil eines herrlichen Obstsalats – serviert. Insbesondere in Peking sind die unwiderstehlichen Karamellbananen und Karamellisierte Apfelküchlein beliebt. Ansonsten werden Süßspeisen eher als Zwischenmahlzeit oder Snack, weniger aber als Bestandteil eines Menüs genossen.

Frühlingsrollen

ERGIBT 25 STÜCK

6 getrocknete chinesische Pilze, 20 Minuten in warmem Wasser eingeweicht

1 EL Pflanzen- oder Erdnussöl

250 g Schweinehackfleisch

1 TL dunkle Sojasauce

100 g Bambussprossen aus der Dose, abgespült, abgetropft und in Stifte geschnitten

1 Prise Salz

100 g rohe Garnelen, ausgelöst und gehackt

250 g Bohnensprossen, grob gehackt

1 EL fein gehackte Frühlingszwiebel

25 Frühlingsrollen-Teigblätter

1 Eiweiß, leicht verquirlt

Pflanzen- oder Erdnussöl, zum Frittieren

1. Die Pilze gut ausdrücken, die harten Stiele entfernen und die Hüte in feine Streifen schneiden.

2. Das Öl in einem vorgeheizten Wok oder einer tiefen Pfanne erhitzen und das Hackfleisch darin unter Rühren anbraten. Sojasauce, Bambussprossen, Pilze und Salz zugeben und alles bei starker Hitze 3 Minuten pfannenrühren.

3. Die Garnelen zufügen und 2 Minuten mitgaren. Die Bohnensprossen zugeben und 1 weitere Minute braten. Den Wok vom Herd nehmen und die Frühlingszwiebel unterrühren. Abkühlen lassen.

4. Jeweils 1 Esslöffel Hackfleischmischung diagonal in der Mitte jedes Teigblatts verteilen. Die untere Ecke darüberlegen. Die beiden Seiten einschlagen und fest aufrollen. Die obere Ecke mit Eiweiß bestreichen, einschlagen und andrücken.

5. Das Öl in einem Wok, einem großen Topf oder einer Fritteuse auf 180 °C erhitzen (ein Brotwürfel bräunt darin in 30 Sekunden). Die Frühlingsrollen darin portionsweise etwa 5 Minuten goldbraun und knusprig frittieren. Auf Küchenpapier abtropfen lassen und sofort servieren.

Vegetarische Frühlingsrollen

ERGIBT 20 STÜCK

6 getrocknete chinesische Pilze, 20 Minuten in warmem Wasser eingeweicht

60 g asiatische Glasnudeln, 20 Minuten in warmem Wasser eingeweicht

2 EL Pflanzen- oder Erdnussöl

1 EL fein gehackter frischer Ingwer

100 g Karotten, in feine Stifte geschnitten

100 g Weißkohl, fein gehobelt

1 EL fein gehackte Frühlingszwiebel

1 EL helle Sojasauce

80 g weicher Tofu, in kleine Würfel geschnitten

½ TL Salz

1 Prise weißer Pfeffer

1 Prise Zucker

20 Frühlingsrollen-Teigblätter

1 Eiweiß, leicht verquirlt

Pflanzen- oder Erdnussöl, zum Frittieren

dunkle Sojasauce, zum Servieren

1. Die Pilze gründlich ausdrücken, die harten Stiele entfernen und die Hüte fein hacken. Die Nudeln abtropfen lassen und dann grob hacken.

2. Das Öl in einem vorgeheizten Wok oder einer tiefen Pfanne erhitzen und den Ingwer darin schwenken, bis er zu duften beginnt. Die Pilze etwa 2 Minuten unter Rühren anbraten. Karotten, Kohl und Frühlingszwiebel hineingeben und 1 Minute pfannenrühren. Glasnudeln und Sojasauce zugeben und 1 Minute mitbraten. Den Tofu zufügen und 1 weitere Minute braten. Mit Salz, Pfeffer und Zucker abschmecken. Weiterrühren, bis die Karotte gar, aber noch bissfest ist. Den Wok vom Herd nehmen und abkühlen lassen.

3. Jeweils 1 knappen Esslöffel Gemüsemischung diagonal in der Mitte jedes Teigblatts verteilen. Die untere Ecke darüberlegen. Die beiden Seiten einschlagen und fest einrollen. Die obere Ecke mit Eiweiß bestreichen und andrücken. Die Rollen sollten eine Länge von etwa 10 cm haben.

4. Das Öl in einem Wok, einem großen Topf oder einer Fritteuse auf 180 °C erhitzen (ein Brotwürfel bräunt darin in 30 Sekunden). Die Frühlingsrollen darin portionsweise etwa 5 Minuten goldbraun und knusprig frittieren. Auf Küchenpapier abtropfen lassen. Mit Sojasauce servieren.

Hähnchenflügel mit Sojasauce

FÜR 3–4 PERSONEN

250 g Hähnchenflügel
250 ml Wasser
1 EL in Ringe geschnittene Frühlingszwiebel
2,5-cm-Stück Ingwerwurzel, in 4 Scheiben geschnitten
2 EL helle Sojasauce
½ TL dunkle Sojasauce
1 Sternanis
1 TL Zucker

1. Die Hähnchenflügel abspülen und trocken tupfen. Das Wasser in einem kleinen Topf zum Kochen bringen. Hähnchenflügel, Frühlingszwiebel und Ingwer zugeben und aufkochen lassen.

2. Die restlichen Zutaten zufügen und alles abgedeckt 30 Minuten köcheln lassen.

3. Dann die Hähnchenflügel aus dem Sud heben, abtropfen lassen und heiß servieren.

Garnelentoasts

ERGIBT 16 STÜCK

100 g rohe Garnelen, ausgelöst
2 Eiweiß
2 EL Speisestärke
½ TL Zucker
1 Prise Salz
2 EL frisch gehackte Korianderblätter
2 Scheiben Toastbrot vom Vortag
Pflanzen- oder Erdnussöl, zum Frittieren

1. Die Garnelen im Mörser oder mit der flachen Klinge eines großen Messers zerdrücken.
2. Garnelen, 1 Eiweiß und 1 Esslöffel Speisestärke in einer Schüssel vermengen. Zucker, Salz und Koriander unterrühren. Das zweite Eiweiß mit der restlichen Speisestärke verrühren.
3. Die Brotscheiben von den Rinden befreien und jede Scheibe in 8 Dreiecke schneiden. Eine Seite erst mit der Eiweiß-Speisestärke-Mischung bestreichen, dann gleichmäßig mit einer teelöffelgroßen Portion Garnelenmasse.
4. Das Öl in einem Wok, einem großen Topf oder in einer Fritteuse auf 180 °C erhitzen (ein Brotwürfel bräunt darin in 30 Sekunden). Die Garnelentoasts darin portionsweise mit der bestrichenen Seite nach oben etwa 2 Minuten frittieren. Dann wenden und weitere 2 Minuten goldgelb frittieren. Auf Küchenpapier abtropfen lassen und warm servieren.

Brokkoli mit Sesam

FÜR 4 PERSONEN

2 EL Pflanzenöl
2 Brokkoli, in Röschen zerteilt
2 EL helle Sojasauce
1 TL Speisestärke
1 EL Zucker
1 TL geriebener frischer Ingwer
1 Knoblauchzehe, zerdrückt
1 Prise scharfe Chiliflocken
1 TL geröstete Sesamsaat, zum Garnieren

1. Das Öl in einen vorgeheizten Wok oder eine große Pfanne geben und stark erhitzen. Die Brokkoliröschen zugeben und 5 Minuten pfannenrühren.

2. Sojasauce, Speisestärke, Zucker, Ingwer, Knoblauch und Chili in einer kleinen Schüssel verrühren. Die Mischung über den Brokkoli gießen. Die Hitze reduzieren und 3 Minuten unter Rühren köcheln lassen, bis die Flüssigkeit eindickt.

3. Das Gemüse in eine Schüssel geben, mit dem Sesam bestreuen und sofort servieren.

Gebratene Bohnensprossen

FÜR 4 PERSONEN

1 EL Pflanzen- oder Erdnussöl
250 g Bohnensprossen
2 EL fein gehackte Frühlingszwiebel
½ TL Salz
1 Prise Zucker

1. Das Öl in einem vorgeheizten Wok oder einer tiefen Pfanne erhitzen. Bohnensprossen und Frühlingszwiebel darin etwa 1 Minute unter Rühren braten. Mit Salz und Zucker würzen.

2. Die Sprossen in eine Servierschale füllen und sofort servieren.

Scharfe grüne Bohnen

FÜR 4 PERSONEN

200 g grüne Bohnen, jeweils diagonal in 2–3 Stücke geschnitten

2 EL Pflanzen- oder Erdnussöl

4 getrocknete Chillies, in 2 oder 3 Stücke geschnitten

½ TL Sichuan-Pfefferkörner

1 Knoblauchzehe, in feine Scheiben geschnitten

6 Scheiben Ingwerwurzel

2 Frühlingszwiebeln (nur die weißen Teile), diagonal in Stücke geschnitten

1 Prise Meersalz

1. Die Bohnen in einem großen Topf mit kochendem Wasser 10 Minuten garen. Abtropfen lassen.

2. In einem vorgeheizten Wok oder einer großen Pfanne 1 Esslöffel Öl erhitzen und die Bohnen darin bei geringer Hitze etwa 5 Minuten pfannenrühren. Aus dem Wok nehmen und beiseitestellen.

3. Das restliche Öl im Wok erhitzen. Chillies und Pfeffer darin schwenken, bis sie zu duften beginnen. Knoblauch, Ingwer und Frühlingszwiebeln zugeben und unter Rühren braten. Die Bohnen mit dem Salz in den Wok geben, alles kurz vermengen und sofort servieren.

Grüne Bohnen mit roter Paprika

FÜR 4–6 PERSONEN

300 g grüne Bohnen, in 6 cm lange Stücke geschnitten
1 EL Pflanzen- oder Erdnussöl
1 rote Paprika, in feine Streifen geschnitten
1 Prise Salz
1 Prise Zucker

1. Die Bohnen in einem großen Topf mit kochendem Wasser 10 Minuten garen. Abtropfen lassen.

2. Das Öl in einem vorgeheizten Wok oder einer großen Pfanne erhitzen und die Bohnen darin bei starker Hitze 1 Minute pfannenrühren. Die Paprika zugeben und 1 weitere Minute pfannenrühren. Mit Salz und Zucker bestreuen und sofort servieren.

Scharfsaurer Kohl

FÜR 4 PERSONEN

450 g Weißkohl
1 EL Pflanzen- oder Erdnussöl
10 Sichuan-Pfefferkörner (oder nach Belieben)
3 getrocknete Chillies, grob gehackt
½ TL Salz
1 TL weißer Reisessig
1 Spritzer Sesamöl
1 Prise Zucker

1. Die äußeren Blätter des Kohls entfernen. Den Kohl vierteln und den Strunk herausschneiden. Die Viertel in 3 cm große Stücke schneiden und die Blätter voneinander lösen. Gründlich unter kaltem Wasser abspülen und abtropfen lassen.

2. Das Öl in einem vorgeheizten Wok oder einer großen Pfanne erhitzen und den Pfeffer darin schwenken, bis er zu duften beginnt. Die Chillies unterrühren. Den Kohl nach und nach mit dem Salz zugeben und 2 Minuten pfannenrühren.

3. Essig, Sesamöl und Zucker unterrühren und alles 1 weitere Minute rühren, bis der Kohl bissfest ist. Sofort servieren.

Gedämpfter Reis

FÜR 3–4 PERSONEN

250 g Langkornreis

1. Den Reis in ein Sieb geben und unter fließend kaltem Wasser waschen. Gut abtropfen lassen.

2. Den Reis in einen Topf geben. So viel Wasser zufügen, dass die Reiskörner gerade bedeckt sind. Zum Kochen bringen und abgedeckt etwa 15 Minuten köcheln lassen.

3. Den Topf vom Herd nehmen und den Reis etwa 5 Minuten im eigenen Dampf weitergaren. Die Reiskörner sollten am Ende gar sein, aber nicht zusammenkleben.

Gebratener Reis mit Ei

FÜR 4 PERSONEN

2 EL Pflanzen- oder Erdnussöl
350 g gekochter Reis, gekühlt
1 Ei, gut verquirlt

1. Das Öl in einem vorgeheizten Wok oder einer tiefen Pfanne erhitzen und den Reis darin 1 Minute unter Rühren braten, dabei so gut wie möglich in einzelne Körner auflockern.

2. Das Ei rasch unterrühren, sodass alle Reiskörner gleichmäßig damit überzogen werden. Pfannenrühren, bis das Ei gegart ist und die Reiskörner locker und einzeln vom Kochlöffel fallen. Sofort servieren.

Eingelegte Eier

FÜR 6 PERSONEN

6 Eier

2 EL Schwarzer-Tee-Blätter

1. Die Eier in einen Topf geben und mit Wasser bedecken. Aufkochen und 10 Minuten kochen lassen. Herausnehmen und die Schale rundum mit einem Löffelrücken leicht einklopfen.

2. Das Wasser erneut zum Kochen bringen und die Teeblätter darin 5 Minuten köcheln lassen. Den Herd ausschalten. Die Eier in den Topf geben und im Tee ziehen lassen, bis er abgekühlt ist.

3. Die Eier zum Frühstück oder als Beilage zu einem warmen Essen reichen. Traditionell werden sie ungeschält serviert.

Birnen in Honigsirup

FÜR 4 PERSONEN

4 nicht zu reife Birnen
200 ml Wasser
1 TL Zucker
1 EL Honig

1. Die Birnen schälen, aber die Stiele intakt lassen. Jede Birne in Alufolie wickeln, dabei den Stiel aussparen. In einen Topf setzen und diesen mindestens bis zur Hälfte der Früchte mit Wasser auffüllen. Das Wasser zum Kochen bringen und 30 Minuten köcheln lassen. Die Birnen herausnehmen, die Alufolie vorsichtig entfernen und den ausgetretenen Birnensaft in einer Schale auffangen. Die Birnen abkühlen lassen.

2. Das abgemessene Wasser in einem kleinen Topf zum Kochen bringen. Birnensaft, Zucker und Honig zugeben und 5 Minuten kochen. Den Sirup vom Herd nehmen und etwas abkühlen lassen.

3. Zum Servieren die Birnen in Dessertschalen setzen und mit etwas Sirup begießen. Lauwarm servieren.

Frischer Melonen-Bananen-Salat mit Zitronensaft

FÜR 4–6 PERSONEN

450 g gemischtes Melonenfleisch, in Würfel geschnitten oder zu Kugeln ausgestochen

2 EL Zucker

2 Bananen, in dicke Scheiben geschnitten

Saft von 1 Zitrone

1. Die Melonenstücke in eine große Schüssel geben und mit dem Zucker bestreuen.

2. Die Bananen in eine andere Schüssel geben, mit dem Zitronensaft beträufeln und vermengen. Zu den Melonenstücken geben, alles vorsichtig vermischen und sofort servieren.

Mangocreme

FÜR 6 PERSONEN

25 g Sago, mindestens 20 Minuten in warmem Wasser eingeweicht

250 ml warmes Wasser

2 EL Zucker

1 große reife Mango, etwa 280 g

200 g Schlagsahne

1 EL gemahlene Gelatine, in 250 ml warmem Wasser aufgelöst

1. Den abgetropften Sago mit dem warmen Wasser in einen Topf geben und zum Kochen bringen. Bei kleiner Hitze 10 Minuten unter Rühren köcheln lassen, bis die Masse eingedickt ist. Den Zucker unterrühren und alles auskühlen lassen.

2. Die Mango schälen. Das Fruchtfleisch vom Stein lösen und im Mixer oder mit dem Pürierstab glatt pürieren, dann Sahne und Gelatinemischung unterrühren.

3. Den Sago zugeben und alles gut miteinander vermischen. In 6 Dessertschalen füllen und vor dem Servieren im Kühlschrank fest werden lassen.

Karamellbananen

FÜR 4 PERSONEN

70 g Mehl
1 TL Backpulver
1 Ei, verquirlt
5 EL Eiswasser
4 große vollreife Bananen
3 EL Zitronensaft
2 EL Reismehl
Pflanzenöl, zum Ausbacken

KARAMELL
120 g Feinzucker
4 EL Eiswasser, plus eine Schüssel mit Eiswasser zum Abkühlen
2 EL Sesamsaat

1. Mehl und Backpulver in eine Schüssel sieben. Eine Mulde in die Mitte drücken, Ei und Eiswasser hineingeben und alles nach und nach zu einem glatten Teig verrühren.

2. Die Bananen schälen, in 2 cm dicke Scheiben schneiden und diese zwischen den Handflächen vorsichtig zu Kugeln formen. Mit dem Zitronensaft beträufeln, damit sie sich nicht verfärben, anschließend im Reismehl wälzen, bis sie vollständig davon bedeckt sind.

3. Das Öl in einem Wok, einem großen schweren Topf oder in einer Fritteuse auf 190 °C erhitzen (ein Brotwürfel bräunt darin in 30 Sekunden). Die Bananenkugeln in den Teig tauchen und im heißen Öl etwa 2 Minuten ausbacken, bis sie goldbraun sind. Dann aus dem Öl heben und auf Küchenpapier abtropfen lassen.

4. Für den Karamell den Zucker bei geringer Hitze in einen kleinen Topf geben. Das Eiswasser zugießen und die Mischung unter ständigem Rühren erwärmen, bis sich der Zucker aufgelöst hat. 5 Minuten köcheln lassen, dann den Topf vom Herd nehmen und die Sesamsaat einrühren. Die frittierten Bananenkugeln nun im Karamell schwenken, mit einem Löffel herausheben und dann kurz in die Schüssel mit Eiswasser tauchen. In Dessertschalen anrichten und warm servieren.

Bananen im Teigmantel

FÜR 4 PERSONEN

70 g Mehl
2 EL Reismehl
1 EL Feinzucker
1 Ei, getrennt
150 ml Kokosmilch
4 große Bananen
Sonnenblumenöl, zum Frittieren

ZUM SERVIEREN
1 TL Puderzucker
1 TL Zimt
Limettenspalten

1. Für den Teig Mehl, Reismehl und Zucker in eine Schüssel sieben. In die Mitte eine Mulde drücken und Eigelb und Kokosmilch hineingeben. Nach und nach zu einem glatten, dicken Teig verarbeiten.

2. Das Eiweiß in einer sauberen, trockenen Schüssel steif schlagen und dann vorsichtig unter den Teig heben.

3. Reichlich Öl in einem Wok, einem großen schweren Topf oder in einer Fritteuse auf 180 °C erhitzen (ein Brotwürfel bräunt darin in 30 Sekunden). Die Bananen kreuzweise vierteln und zügig und vollständig in den Teig tauchen. Die Bananenstücke vorsichtig in das heiße Öl geben und 2–3 Minuten goldbraun frittieren, dabei einmal wenden.

4. Herausheben und auf Küchenpapier abtropfen lassen. Mit Puderzucker und Zimt bestreuen und mit Limettenspalten servieren.

Karamellisierte Apfelküchlein

FÜR 6 PERSONEN

4 Äpfel, geschält, Kerngehäuse entfernt und in dicke Ringe geschnitten

Pflanzen- oder Erdnussöl, zum Frittieren

eine Schüssel Eiswasser

TEIG

120 g Mehl

1 Ei, verquirlt

120 ml kaltes Wasser

KARAMELL

4 EL Sesamöl

250 g Zucker

2 EL geröstete Sesamsaat

1. Für den Teig das Mehl in eine Schüssel sieben und das Ei unterrühren. Nach und nach das Wasser einarbeiten und alles zu einem glatten dicken Teig verarbeiten. Die Apfelringe in den Teig tauchen und beiseitestellen.

2. Reichlich Öl in einem Wok, einem großen Topf oder einer Fritteuse auf 180 °C erhitzen (ein Brotwürfel bräunt darin in 30 Sekunden). Die Apfelringe darin portionsweise goldbraun ausbacken. Herausheben, abtropfen lassen und beiseitestellen.

3. Für den Karamell das Sesamöl in einem kleinen Topf erhitzen. Wenn es zu rauchen beginnt, den Zucker zugeben und unter ständigem Rühren erhitzen, bis er flüssig und goldgelb ist. Den Topf vom Herd nehmen, den Sesam unterrühren und den Karamell in eine Pfanne gießen.

4. Bei sehr geringer Hitze die Apfelringe in die Pfanne geben. Beidseitig im Karamell wenden und dann kurz in das Eiswasser tauchen. Sofort servieren.

Mandelgelee in Ingwersauce

FÜR 6–8 PERSONEN

850 ml Wasser
5 g Agar-Agar
250 g Zucker
120 g Kondensmilch
1 TL Bittermandelaroma

INGWERSAUCE
100 g grob gehackter frischer Ingwer
850 ml Wasser
60 g brauner Zucker

1. Für das Gelee das Wasser in einem Topf zum Kochen bringen. Das Agar-Agar unter Rühren darin auflösen. Den Zucker unterrühren. Die Masse durch ein Haarsieb in eine flache Form gießen. Die Kondensmilch unter ständigem Rühren zugießen. Leicht abkühlen lassen, dann das Mandelaroma unterrühren. Im Kühlschrank fest werden lassen.

2. Für die Ingwersauce Ingwer, Wasser und Zucker in einen Topf geben und abgedeckt mindestens 1 Stunde einkochen, bis die Sauce goldgelb ist. Durch ein Sieb in eine Schüssel geben, dabei den Ingwer auffangen und wegwerfen.

3. Das Gelee in Rechtecke schneiden und in Dessertschalen anrichten. Jeweils etwas warme oder kalte Ingwersauce darübergeben und servieren.

Register